2万2000人超を導いた就活コンサルタントが教える

これだけ！内定

就活コンサルタント
高田晃一

あさ出版

はじめに

📍 **この1冊で、あなたは100％、内定を勝ちとれる！**

「結局、内定をとるにはどうすればいいんですか？」

ある学生に投げかけられたこの質問が、本書を執筆するきっかけになりました。

現在、書店には「自己分析」「企業研究」「エントリーシート」「面接」など、テーマ別に多くの就活本が並び、インターネット上には就職活動（就活）に関する情報があふれ返っています。

また、大学をはじめとするさまざまな場所で多種多様なセミナーが開催され、ほかの大学の友達からも逐一、新しい情報がどんどん入ってくることでしょう。

就活に関するさまざまな情報があふれ返るなかで、その情報をどう取捨選択し、どう活かすか。そして、実際にどう動けばいいのかがわからずに悩み、迷っている学生が多いことを、この質問によって私は再確認したのです。

そこで、これだけはやっておくべき内定に直結する考え方、行動のみを、この1冊にまとめました。

本書だけで、インターンシップから受ける企業の探し方、エントリーシートの書き方、面接まで、就活に必要なすべてを網羅することができます。

ほかの就活本は読む必要ありません。本書に書いてあることだけを実践すれば、あなたは必ず内定をとることができます。

まさかの188社すべて不採用となった「たった1つの見落とし」とは？

　申し遅れました。私は就活コンサルタントの高田晃一と申します。
　なぜ私が、「内定をとるための考え方・行動」をお伝えすることができるのか。その理由は、私自身が就活で「重大な失敗」を経験したことにあります。
　自分でいうのもなんですが、新卒の就活時、私は友人をはじめとするほかの就活生よりもかなり優位に立っていたと思います。
　受験勉強以上の時間を割いて、だれよりも多くOB訪問を重ねて、具体的な企業研究を深めました。さらに、受ける企業のエントリーシート過去問を繰り返し解いて、綿密に準備しました。
　事実、SPIの模擬試験では約1万2000人中2位という好成績を挙げました。
「就活なんて簡単なもんだ。内定はとったも同然」
　そう思っていました。
　さて、私はどれだけの数の内定を獲得できたと思いますか？

　答えは、**ゼロ**です。

　受けた会社の数は188社。その**すべてに落ちた**のです。
　なぜ落ちたのか。理由はただ1つ。
「企業のニーズを理解していなかったから」です。
「自分は優秀だ」とアピールするばかりで、自分が就職を希望する企業の利益にどう貢献できるかを伝えられていませんでした。
　社会人の先輩に指摘されるまで、私はこの「見落とし」に気づかなかったのです。

私は改めて、「自分は企業の利益にどう貢献できるのか」という材料を集め、就活をもう一度やり直しました。
　その結果、今度は受けた10社すべてから内定をいただくことができました。
　たった1つの意識を改めるだけで、結果はこんなにも変わったのです。

就活を支援した学生の数は2万2000人超

　こうして内定をいただいた10社のうち1社で会社員生活を送った後、自身の経験を活かし、現在は「就活コンサルタント」として多くの学生の内定獲得を支援しています。
　その数は、2万2000人超。そのなかには、20社以上落ちて私のもとへやってきた1100人以上の学生も含まれています。うれしいことに、この1100人以上の学生は、私の指導で全員が内定を獲得しました。

　私のもとへやってくる学生の多くは、私と同じく、「企業のニーズを理解していない」という単純な失敗を犯しています。
　自分と同じ轍(てつ)を踏む学生を増やしてはならない。その一心で、私は今も、最新の就活情報を積極的に集め続けています。
　最近では、大手有名企業から委託を受け、エントリーシートの審査を実際に行なうことが多くなり、年間約10万通ものエントリーシート審査にも関わっています。**企業の本音を知っているからこそ、最短ルートで内定を獲得する考え方、行動をアドバイスすることができるのです。**

　指導した学生のなかには、最後まであきらめずに本書の内容を実践し続け、超一流企業から内定を獲得し、学校表彰を受けた人もいます。
　「自分は四流大学だから……」「自己PRできることなんてないし……」などとあきらめてしまったら、その時点で就活は終わりを告げます。

決して最後まであきらめてはいけません。
ここに書かれている内容をあきらめずに繰り返し実践すれば、あなたも確実に内定をとることができます。

📍「何を考え、どう動けば内定をとれるのか」だけを書いた1冊

近年、企業の景気は上向き、1社あたりの新卒採用人数は増え続けています。つまり就活は「売り手市場」。就活生にとって有利な状況です。
しかし、それでも壁にぶつかるのが就活です。
そこで本書は、主に

・これから就活を始めるけど、何から手をつけたらいいのかわからない
・エントリーシートがなかなか通過しない
・エントリーシートは通過したけど、なぜか面接で落ち続けてしまう
・周りが次々に内定をとり始めているのに、まだ1つも内定がとれていなくて焦っている

そんな人に向け、
「何を考え、どう動けば内定がとれるのか」
という部分に重点を置き、お話ししています。
本書を読めば、就活における迷いはきっと払拭されます。
大丈夫。あなたは絶対に内定をとることができます。
一緒にがんばっていきましょう。

就活コンサルタント

高田 晃一

C O N T E N T S

はじめに　　　　　　　　　　　　　　　　　　　　　　2

CHAPTER 1
「就活」を始める前にすべきこと

1　就活の「流れ」を押さえよう　　　　　　　　　　　12
2　絶対に内定を勝ちとれるたった1つの「考え方」　　14
3　準備段階で一度「自己分析」をしよう　　　　　　　16
4　内定に直結する「これだけ自己分析」　　　　　　　20
5　行動を始める前に「身だしなみ」を整える　　　　　26
CHAPTER 1　まとめ　　　　　　　　　　　　　　　30

CHAPTER 2
インターンシップに参加して内定獲得のための情報を得る

1　インターンシップとはどういうものか　　　　　　　32
2　インターンシップのメリット　　　　　　　　　　　36
3　インターンシップ先の選び方　　　　　　　　　　　40
4　インターンシップの選考を通過する　　　　　　　　44
　・エントリーシート実例　ポイント①
　　インターンシップで得たいことを伝える　　　　　　46

- エントリーシート実例　ポイント②
  企業の説明を述べるだけにならないよう注意　　　48
- エントリーシート実例　ポイント③
  行動したこと、成果をしっかり述べる　　　50

5　実際のインターンシップの取り組み方　　　54

CHAPTER 2　まとめ　　　58

CHAPTER 3
実際に受ける企業の選び方

1　まだ見ぬ優良企業の探し方　　　60
　①テレビ番組から探す　　　61
　②通っている学校から探す　　　64
　③新聞・本・雑誌・フリーペーパーから探す　　　66
　④中小ナビサイトから探す　　　70
　⑤展示会から探す　　　74
　⑥合同企業説明会から探す　　　76
　⑦省庁が選ぶ企業から探す　　　80
2　企業研究で自分に合った企業を見つける　　　82
3　OB訪問・企業訪問でさらに理解を深める　　　84
4　まだ見ぬ優良企業を実際に見てみよう　　　86
5　「ブラック企業」を避けるには　　　90
6　「ブラック企業隠し」は「事業内容」で見抜く　　　94

CHAPTER 3　まとめ　　　98

CHAPTER 4
エントリーシートでライバルに大差をつける

1	エントリーシートで「上位5％」に入れば圧倒的に有利	100
2	エントリーシートの設問には「意図」がある	102
3	企業が欲しい人材像は「企業サイト」「有価証券報告書」でつかむ	106
4	「自己PR」には自分の「強み」で「貢献できる根拠」を書く	110
5	「学生時代にがんばったこと」にはその経験をどのように活かせるかを書く	114
	・エントリーシート実例 自己PR・学生時代にがんばったこと① 「大学受験のエピソード」はNG	118
	・エントリーシート実例 自己PR・学生時代にがんばったこと② 「当たり前すぎるエピソード」はNG	120
	・エントリーシート実例 自己PR・学生時代にがんばったこと③ 会社の利益に貢献できることを具体的に書く	122
	・エントリーシート実例 自己PR・学生時代にがんばったこと④ 数字などで表せる実績がある場合には具体的に書く	124
6	「志望動機」には「その企業でこそ」できることを伝える	126
	・エントリーシート実例　志望動機① 「うちでなくてもいいのでは？」と思わせてはいけない	132
	・エントリーシート実例　志望動機② 「お世辞」のみを羅列しないように気をつける	134
	・エントリーシート実例　志望動機③ あいまいな表現は極力減らす	136

- エントリーシート実例　志望動機④
「ただのファン」ではいけない　138
- エントリーシート実例　志望動機⑤
企業は個人の夢を叶える場所ではない　140
- エントリーシート実例　そのほか①
サイトに書いてあることをそのまま述べてはいけない　142
- エントリーシート実例　そのほか②
「関心を持っているニュース」は、志望業界のものを　144

7　エントリーシートは早く取り寄せ
締め切りの3日前までに提出を　146

8　エントリーシートには「NGワード」がある　148

9　面接を想定して、欲張らずに1つのことを述べる　152

CHAPTER 4　まとめ　158

CHAPTER 5
面接は「減点」を防いで突破する

1　面接官は「ここ」を見る　160

2　受ける企業に適した人材であることを伝える　162

3　自己PR・学生時代にがんばったことも
エントリーシートをベースに話す　164

4　ネガティブな話を引き出そうとする質問にはどう答える？　166

5　「第一印象」で差をつける7つのアクションテクニック　170
　①立つ　172
　②歩く　174
　③笑顔　176

		④声	178
		⑤お辞儀	180
		⑥座る	182
		⑦聞く	184
6	緊張しているときこそ「言葉遣い」に注意		186
7	グループ面接には「全員で受かる」という気持ちで臨む		188
8	「1次面接」から「最終面接」まで話す内容は変えなくていい		190
9	面接官の本音がわかれば「すべらない答え」ができる		192
10	面接突破のためには「練習」が必須		200
11	緊張や不安とうまく共存する		202
CHAPTER 5　まとめ			204

おわりに　　　　　　　　　　　　　　　　　　205

「就活」を始める前にすべきこと

CHAPTER 1

1 就活の「流れ」を押さえよう

💡 「インターンシップ」⇒「企業探し」⇒「本選考」が大まかな流れ

さあ、いざ就活の始まりです。
これからあなたは、自分が生き生きと働ける企業に入社するために、就活を行なうことになります。
まずは、就活の大まかな流れを押さえておきましょう。

近年の就活では「本選考」の前に、「インターンシップ」を行なうことが主流です。「インターンシップ」で就労体験をし、それを参考に「企業探し」を、そして「本選考」で書類選考・面接に臨みます。
インターンシップは必須ではありませんが、入りたい業界や企業をより詳しく知るためにも、参加することをおすすめします。
まずインターンシップで「社会に出て、企業に所属し、働く」ことを体験し、その体験をもとに受ける企業を探し、本選考を受験して、内定を勝ちとる。
これが、今からあなたが行なう就活の流れです。

その前に、少しだけ「準備」をしましょう。
自己分析をして、自分の「考え方」と「身の回り」を整えるのです。
これは、最短距離で内定を勝ちとるために重要なことなので、しっかり行なってください。
いざ、内定獲得のための第一歩を踏み出しましょう。

>> 就活全体の流れ

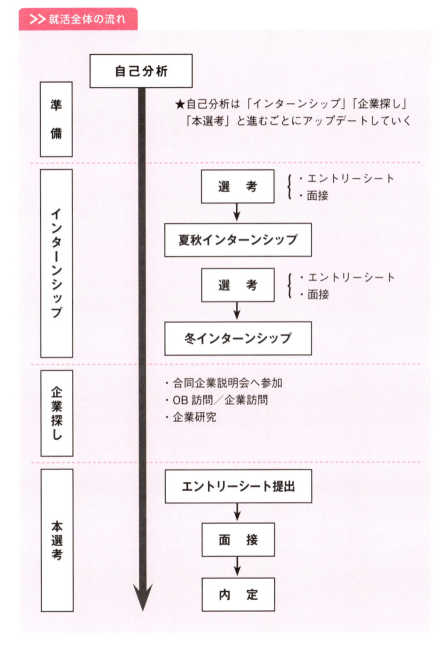

2 絶対に内定を勝ちとれる たった1つの「考え方」

💡 企業は「自社の利益に貢献できる人」を求めている

　どの企業も、採用したいのは「いい人材」です。
　企業が欲しがる「いい人材」とは、次の1点に集約されます。

「自社の利益に貢献できる人」

　ありていにいえば、「お金を稼ぐ人」「お金を生み出す人」です。企業のこの本音に応えられる人材であることが伝われば、あなたは必ず採用されます。
　「なんだ、『人物重視の採用』とかいいながら、結局はお金を稼ぐかどうかで人を判断するのか」と思うかもしれません。しかし、企業の立場になってみれば当然のことです。
　すべての企業の究極的な目標は、「永遠に会社を存続させること」です。この目標を実現するためには、売り上げを永遠に上げ続けなければなりません。
　どんなに性格がよくても、お金を稼げない人ばかりを採用していたら、企業はいずれつぶれ、社員は路頭に迷ってしまいます。
　つまり、**企業が儲けようとするのは社員のため**なのです。毎年の採用活動で、「よりお金を稼げる人」を探し、採用するのは当たり前のことといえるでしょう。
　企業は「自社の利益に貢献できる人」を求める。
　就活を始めるにあたり、絶対に忘れてはいけないポイントです。

💡 なぜ「利益に貢献できる」といえるのか、根拠を固める

「私は御社の利益に貢献できます」ということさえしっかり企業に伝えられさえすれば、自ずと内定はとれます。

ただし、問題は「伝え方」です。

「私は御社の利益に貢献できます」というだけなら、だれでもできます。重要なのは、**「なぜ、利益に貢献できるといえるのか」という根拠**の部分です。

「なんとなく貢献できると思います」

「がんばりますから絶対に貢献できます」

では、企業は納得しません。根拠がないからです。

第4章で詳しくお話ししますが、「私には○○という強みがあります。この強みは、学生時代の□□という活動で培われました。そして実際に△△という場面で発揮されました。○○という強みを活かすことで、御社の××という課題を解決し、御社の利益に貢献します」

このように、企業にあなたを雇うメリットを伝えられるかどうか。

これが、採用されるか採用されないかの分かれ道です。

エントリーシートや面接で、「私は御社の利益に貢献できる」ということを、確固たる根拠とともに伝えられれば、内定はほぼ手中に収めたも同然です。

3 準備段階で一度「自己分析」をしよう

 自己分析は、企業に貢献できる「根拠」を探すためのもの

　企業はエントリーシートや面接で、あなたが本当に自社の利益に貢献できる人材なのか、その「根拠」を、ありとあらゆる角度から探ります。

　試しに、ある企業で実際に出題されたエントリーシートの設問に答えてみましょう。

- 企業を選ぶ際に重視するポイントを3つ選び、順位をつけてください。

- あなたの生き方で大切にしていることは何ですか。

- 学生時代に最も力を入れて成果を挙げたことは何ですか。

- 上記について、具体的に記述してください（期間・頻度・プロセスなど）。

　いかがでしたか？　何の準備もなくいきなり答えるとなると、なかなか難しいものですよね。「自分がここで答えた内容をもとに企業が採点する」と考えると、なおさら書きづらいでしょう。

　就活本の模範解答や、だれかにつくってもらった台本を丸暗記したりしただけの実力のない人材をつかまされないよう、企業も慎重を期すわけです。自分が企業の利益に貢献できる「根拠」を、さまざまなエピソードを通して伝えられるようにしておく必要があります。

なぜ自己分析を「準備」の段階で行なうのか

「エントリーシートに『根拠』を書くために自己分析が必要なら、本選考のエントリーシートを書くときにすればいいじゃないか」

そう思う人もいるかもしれません。

しかし自己分析は、インターンシップ前の「準備」の段階で必要なのです。

理由は4つあります。

1つ目は、インターンシップ先を選ぶためです。

志望業界、志望職種がないという人は、就活のスタート地点にも立てません。ある程度でも方向性を決めるために、自己分析をする必要があります。

2つ目は、インターンシップにも選考（エントリーシート・面接）があるためです。

左ページで提示したような質問が、いきなりインターンシップ選考の段階であなたに投げかけられるのです。

自己分析なしに、通るエントリーシートの作成は無理でしょう。就活の準備段階で自己分析をしておかなければ、インターンシップに参加することすらできなくなってしまいます。

3つ目は、インターンシップ先が自分に合う企業かどうかを確認するためです。

インターンシップは単なる「就労体験」ではなく、**「入社する候補の業界・企業に飛び込み、本当にその業界・企業を受けるかどうか判断する」**ためのまたとない機会です。

後ほど詳しくお話ししますが、自己分析では、あなたの人生の理念と

強みをつかみます。それを事前に知らずにインターンシップに参加すると、自分の考えがその企業の理念に合っているかどうか、仕事内容が自分の強みを発揮できる内容なのかどうかなどを知ることができません。

事前の自己分析なしには、「なんとなく自分に合っているかも」「楽しく働けそうな気がする」など、ぼんやりとした感想になってしまいます。

仮に自分が、インターンシップ先の企業にそのまま入社したとして、自分らしく、生き生き働けるかどうか。それを判断するためにも、事前に自己分析が必要なのです。

4つ目は、インターンシップを経験した前と後での、自分のなかの「変化」を知るためです。

事前に自己分析をして自分の考えを言葉にしておくことで、インターンシップ前の自分とインターンシップを通して「成長」した自分を、具体的に比較することができます。

例えば、あなたが自己分析をした結果、「飲食店でアルバイトをした経験から自分には社交性があることがわかった。人と接する仕事が向いているかもしれない」と考えたとします。

しかしインターンシップ先で、直接お客さまと接する仕事以外にも、商品の品質を上げるための研究や、そこで働く社員が心地よく働けるための社内環境設備を整える仕事など、企業内にはたくさんの役割があること、また、意外にも自分が細かい作業が得意なことを知ることになったとします。

この場合、あなたはインターンシップの経験から、企業のこと、自分の強みを新たに発見したといえるでしょう。「インターンシップを通して成長した」ということです。

事前に自己分析で自分の考えを言葉にしておくことで、「インターン

シップ前はこのような考えを持っていたが、インターンシップを通して、考えがこう変わった。このように変化した自分は、御社の利益に貢献できる」と、**本選考時のエントリーシート作成や面接でアピールしやすくなります。**

　自己分析をせずにインターンシップで学んだことだけを伝えるよりも、以前と比べ考えがどのように変わったか、その変化を伝えるほうが話に説得力が出ます。

自己分析は「自分探し」ではない

　誤解している人が多いので、お伝えしておきたいのですが、就活における自己分析とは、決して自分という人間が何者なのかを深く知る「自分探し」ではありません。

　就活における自己分析とは、エントリーシートや面接で「自己PR」「学生時代にがんばったこと」「志望動機」などを伝えるためのネタ出しに過ぎません。

　自分がいかに企業の利益に貢献できる人材なのか、それを示すための根拠を、自身の経験のなかから探すのが、就活における自己分析です。「あなた」という人間そのものを分析するのではなく、「社会人としてのあなた」がどんな人間になりうるのかを知るためのものといっていいでしょう。

　就活は、「自分」という商品を売る活動です。

　どんなに優れた営業マンも、売る商品の情報を知らなければ、その商品を売ることはできません。

　同じように、「自分」という「商品」を知らなければ、あなたも「自分」を売り込むことはできないでしょう。

　「商品としての自分にはどんな価値があるのか」を把握するためにも、自己分析は必ず必要です。

4 内定に直結する「これだけ自己分析」

💡 「人生の理念」と「自分の強み」をつかむ

就活における自己分析でつかんでおきたいポイントは、次の2つです。

①人生の理念
　→あなた自身がどのような考え方で生きてきたのか
②自分の強み
　→あなた自身の人間的な強み、得意とすること

この2つをしっかりつかむことができれば、エントリーシートや面接で必ず聞かれる「自己PR」「学生時代にがんばったこと」において、自分だけのエピソードをつくることができます。

インターンシップ選考までに、自分だけの「自己PR」「学生時代にがんばったこと」を一度つくっておき、インターンシップや志望企業探し、本選考と段階を踏むなかで、その内容をさらにアップデートしていくのが理想です。

では、早速、自己分析をしてみましょう。

次の2つのSTEPに沿って行ないます。

💡 STEP 1　「大学時代の経験」を発掘する

①人生の理念、②自分の強みをつかむには、ともに「自分の過去」を棚卸しする作業が必要になります。

過去といっても、子どもの頃までさかのぼる必要はありません。
　エントリーシートや面接で聞かれるのは、ほとんど大学時代の経験です。そのため、大学に入学してから今までに限定して、自分を振り返っていきます。
　過去の経験を発掘することで、あなたがこれまでどのような考え方で生きてきたのか、また、あなたの人間的な強みや得意とすることが見えてきます。
　自分の過去を発掘する質問を、下記にまとめました。
　11個あります。じっくり考えて、すべてに答えてみましょう。

>> 自分の過去を発掘する質問

①好きなことは何ですか？　その理由は？

②楽しいことは何ですか？　その理由は？

③ワクワクしたことは何ですか？　その理由は？

④やりたくてもできなかったことは何ですか？
　なぜやりたかったのでしょうか？

⑤大学時代に起きた重要な出来事は何ですか？　重要な理由は？

⑥影響を受けた人はだれですか？　その人はどんな人でしょうか？
　それが今の自分にどのように活きていますか？

⑦大好きな場所はどこですか？

⑧楽しかった体験（仕事、プロジェクト、創作など）は何ですか？

⑨達成した経験（仕事、プロジェクト、創作など）は何ですか？

⑩生活のルールは何ですか？

⑪人生哲学は何ですか？

★すべて大学時代に限定して考えましょう。

お疲れさまでした。

どの質問も、理由まで突きつめて考えるとなると、なかなか根気のいる作業ですよね。

しかし、この「理由」が大事な部分です。理由のなかに、自分の性格に合った業界や企業のヒントがあったり、「人生の理念」や「自分の強み」を具体的に示すためのエピソードがあったりするのです。少し面倒ではありますが、どの質問にもしっかり「理由」まで答えるようにしましょう。

自己分析では、自分の考えやこれまでのエピソードを「出し切る」ことが何よりも大切です。

どんなに些細なことでもいいので、21ページの質問で思いついたことはすべて書き出しましょう。

これは料理でいう「材料集め」の段階です。ここで集めた内容を、実際のエントリーシートではそれぞれの企業の好みに合わせて「調理」し、提出していきます。この「調理法」については第4章で詳しくお伝えします。まずはありったけの材料を集めることに力を入れましょう。

💡 STEP 2 「自分の強み」と「企業が求める強み」をすり合わせる

自分の過去を発掘し終えたら、今度は「自分の強み」について考えていきます。

このとき、「だれかと比べたら、自分の強みなんて大したことない」「自分には強みなんて何ひとつない」と自信を失ってしまう人がとても多いのですが、「だれにも負けない強み」を見つけようとする必要はありません。

どんな強みを持った人にも、上はいるものです。

だれかと比較せずに、自分が「強み」だと思ったものを見つけたら、それを自信を持ってアピールしましょう。

先ほど STEP 1 で自分の過去を発掘しました。

そのなかから見えるあなたの強みは何でしょうか？

とはいえ、いきなりだと、なかなか出てこないかもしれません。

「強み」をなかなか探せない要因の1つに、その「強み」を表す単語を知らない場合があります。

そこで、役に立つ書籍を1冊、ご紹介しましょう。

『さあ、才能(じぶん)に目覚めよう　新版ーストレングス・ファインダー 2.0 ー』(トム・ラス著／日本経済新聞出版社)

この本では、「人間には 34 の資質が秘められている」として、人間の才能について解説しています。

あなたに当てはまるものもきっとあるはずです。次の表にこの本で紹介されている 34 の資質を書き出したので、ここから自分の「強み」を探してみましょう。

>> 『さあ、才能に目覚めよう　新版ーストレングス・ファインダー 2.0 ー』(トム・ラス著／日本経済新聞出版社)で紹介されている人が持つ 34 の資質

アレンジ	運命思考	回復志向	学習欲	活発性
共感性	競争性	規律性	原点思考	公平性
個別化	コミュニケーション		最上志向	自我
自己確信	社交性	収集心	指令性	慎重さ
信念	親密性	成長促進	責任感	戦略性
達成欲	着想	調和性	適応性	内省
分析思考	包含	ポジティブ	未来志向	目標志向

そのほかに、企業が欲しい人材に求める「強み」から「自分の強み」を探るのも手です。
　右ページの表に、企業が求める「強み」をいくつか書き出しました。より実践的で仕事に即、役立つものばかりです。
　この表のなかから、少しでも自分の「強み」となりそうなものを探してみましょう。そしてそれが、STEP 1で発掘した過去とつながらないか、考えてみましょう。
　今後、エントリーシートでも面接でも、「強み」は大学時代のエピソードとともに語ることになります。準備段階で「強み」を得ることになったエピソードを見つけられるのが理想的です。

💡 今後はエントリーシートをいくつも解いてブラッシュアップ

　インターンシップ前の自己分析は、これで十分です。
　すでにお話ししたように、エントリーシートで出題される設問はすべて、自己分析をしなければ回答できないものです。
　ここでの自己分析をもとに、これからエントリーシートを書くことで、内定に結びつく自己分析を重ねることができ、結果として「人生の理念」と「自分の強み」がどんどん洗練されていきます。
　企業はエントリーシートで、「自己分析をどこまで深められたか」を見るわけではなく、自社の利益に貢献できるという話に根拠はあるか、すべての話に矛盾はないかという「エントリーシートの完成度」を見ます。
　ひたすら自分と向き合い続けるのではなく、エントリーシートと向き合いながら、自分が企業の利益にどう貢献できるのか、そしてその根拠を、だれが聞いても疑いようがないほどに強固にしていくのが、就活における自己分析です。

>> 企業が求める「強み」

ストレス耐性	継続	向上心	適応	規律遵守
問題発見	問題解決	情報収集	企画提案	企画創造
マネジメント	文章	プレゼン	交渉	危機管理能力
持久力	瞬発力	積極性	ポジティブ思考	リーダーシップ
人脈	専門知識	サービス精神	度胸	傾聴
巻き込み(影響力)	改善(変革)		論理的思考	時間管理
冷静	目標完遂	質問力	記憶力	決断力
臨機応変(柔軟性)		正直	勤勉	語学
だれとでも仲良くなれる		気遣い	自主自律	こだわり
緻密	実行	配慮	危機管理	集中力
謙虚	学習能力	公平	社交性	チャレンジ精神

5 行動を始める前に「身だしなみ」を整える

早めに整理したい「SNS」の身だしなみ

　自己分析と同じく、インターンシップに応募する前に整えてほしい身だしなみがあります。

　通常、就活における身だしなみとは「リクルートスーツを買おう」「靴を買おう」という話をするわけですが、何よりも先に手をつけてほしい身だしなみがあります。

　それは「**SNS（ソーシャル・ネットワーキング・サービス）」の身だしなみ**です。

　SNS管理の重要性を教えてくれるこんな話があります。

　プロチームへの入団が決まっていたある選手が、入団早々謹慎となってしまったのです。その理由は、入団前に本人がSNSにあげていた未成年飲酒・喫煙写真がネット上で拡散したことでした。

　また別のプロスポーツ選手は、入団したチームの練習に対する不満をSNSにあげてしまい、それが拡散されてファンやチームメイトが知ることとなり、大きなひんしゅくを買いました。

　これらは何も、スポーツの世界に限った「他人事」ではありません。
　採用を決める前に企業は間違いなく、あなたの氏名をインターネットで検索します。最も手っ取り早く、お金がかからない「身辺調査」です。見えないところで公序良俗に反する言動をしていないか、本当に自社を志望しているのかを、チェックするのです。

> **>> SNSの「まずい投稿」チェックシート**
>
> ☐ 特定の国・企業・人物などに対し過激な発言や、人格を傷つける発言はないか
> ☐ 未成年時の飲酒や喫煙を匂わせる投稿はないか
> ☐ 過度な夜遊びの投稿はないか
> ☐ 過度にネガティブな内容はないか
> ☐ 倫理的、道徳的にまずい内容はないか

　過去のFacebookの投稿内容に、社会人としてふさわしくない内容はないでしょうか。
　LINEのタイムラインやTwitter、Instagram、ブログは、企業の採用担当者に見られても問題のないものでしょうか。上記のチェックシートを活用しましょう。
　もし見られて問題になりそうな投稿がある場合、記事を削除するか、思い切ってアカウントごと削除してしまいましょう。それもなるべく早く行なうことをおすすめします。

💡 リクルートスーツは「オーダーメイド」で

　スーツは就活における戦闘服です。
　企業の利益に貢献する「仕事のプロ」として自分を売り込むわけですから、身につける戦闘服にもこだわりたいものです。
　できればオーダースーツを準備しましょう。
　量販店のスーツより２万円ほど奮発すれば、世界であなたにだけ似合うスーツがつくれます。
　プラス２万円で「この戦闘服さえあれば大丈夫だ」という自信がみな

ぎり、企業の採用担当者にも好印象を与えることができるのですから、安いものです。よいオーダースーツをつくるポイントは、次の通りです。

> **>> よいオーダースーツをつくるためのポイント**
>
> ● **リクルートスーツの実績がある店を選ぶ**
> 店によっては、客層を絞っていて就活用のリクルートスーツをつくった経験があまりなかったり、ただ人を呼び込むために「リクルートスーツおつくりします」とうたっているだけの、あまり実績がないところもあります。
> 過去に何着くらいのリクルートスーツをつくったのか、あらかじめ確認しておきましょう。年30着くらいの経験があれば安心です。
>
> ● **若い人が採寸してくれる店を選ぶ**
> 年齢を重ねた人が採寸したスーツは、リクルートスーツに必要な「若々しさ」が失われてしまうことが多いものです。
> 3年以上の経験がある、できるだけ年齢の近い人に採寸をお願いしましょう。
>
> ● **小物に関してもアドバイスをもらう**
> ネクタイや靴下はもちろん、靴やカバンについても、スーツ店の人にアドバイスをもらいましょう。
> スーツに合ったものを選んでもらえるので、失敗がありません。

💡 高価すぎるスーツ・靴・時計は逆効果

「身につけるものにはこだわりたい」という気持ちはわかりますが、高価すぎるスーツ・靴・時計を身につけて就活をすると、かえって採用担当者の反感を買ってしまうことがあります。

どんなに利益に貢献できるとアピールしても、選考段階で悪目立ちしてしまっては、落とされてしまう危険性が高まります。

スーツは高くても税込6万円までに収めるようにしましょう。

時計や靴に関しても、ブランド物は極力、避けたほうが無難です。

💡 日々のメンテナンスで差をつける

　どんなにこだわってスーツや靴を選んでも、日々のメンテナンスがいいかげんなばかりに傷んでしまっては意味がありません。

　マメに手入れをして、次に身につける機会に備えましょう。

　スーツは、家に帰ったらすぐに脱ぎ、スチーマーをあてます。

　スラックスにもしっかりアイロンをかけてシワを伸ばし、折り目をはっきりさせます。

　靴はその日のうちに汚れを落とし、クリームをつけて磨きます。また、同じ靴を２日以上連続で履くと傷んでしまうので、必ず２足以上の靴を用意し、交互に履くようにしましょう。

　採用担当者は、「同じ会社で働く人間として、お客さまの前に出したときに恥ずかしくない人間かどうか」をチェックします。

　清潔感が欠けていたり服装がだらしなかったりすると、マイナスポイントになります。

　日頃から、清潔感を保つためにメンテナンスを欠かさないようにしましょう。

>> メンテナンスチェックシート

- ☐ スーツにシワはないか
- ☐ スラックスに折り目がきちんとついているか
- ☐ 靴は汚れておらず、輝いているか
- ☐ カバンは汚れていないか
- ☐ 物を入れすぎてカバンがパンパンになっていないか
- ☐ （女性）ストッキングは伝線していないか
- ☐ （女性）ヒールがすり減って金具が出ていないか

CHAPTER 1 まとめ

「就活」を始める前にすべきこと

就活の流れを押さえる

- 大まかな流れは、
  インターンシップ → 企業探し → 本選考（エントリーシート提出、面接）
- 就活の前に、まずは「準備」を
  ⇒自分の「考え方」と「身の回り」を整える

内定を勝ちとれる「考え方」を身につける

- 企業が求める人材は、「自社の利益に貢献できる人」
- なぜ利益に貢献できるといえるのか、「根拠」を伝える

準備段階で必ず「自己分析」をする

- 自己分析は、企業に貢献できる「根拠」を探すためにする
- 準備段階で自己分析をする理由は、
  ①インターンシップ先を選ぶため
  ②インターンシップにも選考があるため
  ③インターンシップ先が自分に合う企業かどうかを確認するため
  ④インターンシップを経験した前後での、自分の「変化」を知るため
- 自己分析で「人生の理念」と「自分の強み」をつかむ

「身だしなみ」を整える

- 何よりまず、自分のSNSをチェック
  ⇒ Facebook、Twitter、Instagram、ブログ　など
- リクルートスーツはオーダーメイドする
- 靴、カバンなどのメンテナンスをする

インターンシップに参加して内定獲得のための情報を得る

CHAPTER 2

1 インターンシップとはどういうものか

💡 6割以上の企業がインターンシップを実施している

　就活のための準備が整ったら、次はインターンシップです。
　インターンシップとは、就活の前に行なう「就労体験」のことで、一時的に、実際に「社会に出る」経験をすることで、**自分がどんな仕事をしたいか、どんな働き方をしたいかを見つめ直すことができる貴重な機会**です。

　インターンシップを実施する企業は年々増加しており、2017年度は新卒採用を行なっている6割以上の企業が開催します。
　大手有名企業に絞ると、ほぼ100％が、インターンシップ生を受け入れています。
　一方、就活生も、約4割がインターンシップに参加しています。今や、本選考を前にインターンシップに参加するのがスタンダードになりつつあります。
　インターンシップの盛り上がりに伴い、「インターンシップに参加しないと、周りに置いていかれる」という危機感を持つ人が多いようです。
　しかし闇雲に参加しても、いいことはありません。
　効率よく就活を進めるためにも、参加したほうがいいインターンシップ先を探し、選考を突破するための方法を身につけ、そして実際のインターンシップにどのように取り組むべきかを、事前にしっかり学んでおきましょう。

💡 「夏秋」と「冬」で内容は大きく違う

　インターンシップには、「夏秋」に実施されるものと「冬」に実施されるものの大きく2つに分けることができます。
「夏秋」のインターンシップは、額面通りの「就労体験」といえるでしょう。
　この時期は志望企業や志望業界が決まっていないことが多いため、企業もまだインターンシップを採用の場として考えていないことがほとんどです。そのため、「夏秋」のインターンシップに選考で落ちて参加できなかったり、参加していい結果を残せなかったりしても、本選考に影響はありません。
　一方、「冬」のインターンシップは少しシビアになります。**本選考の直前に行なわれることから、「早期選考」の様相を呈しています。**
　したがって、対策が必要です。
「夏秋」のインターンシップでは、行きたいと思う業界のインターンシップに積極的に参加し、「冬」のインターンシップではある程度、参加する数や業種を絞り込む。
　このような方針でインターンシップに参加するといいでしょう。

💡 「夏秋」のインターンシップでは、候補を広く探す

「夏秋」のインターンシップは、大きなリスクなく社会人としての経験を積めるいい機会です。
　志望業界・志望企業が決まっていたとしても、意図的に視野を広げ、多くの業界・企業をインターンシップ参加候補に挙げたほうがいいでしょう。
　この段階で志望業界・志望企業を絞ってしまうと、もし本選考で落ちてしまった場合、最終的に「受ける会社がない」ということになってし

まいます。

　選択肢は多いに越したことはありません。

　文系であっても理系の会社をチェックしたり、理系でも文系の会社を見ておきましょう。

　例えば理系の会社のなかにも、営業、経理、人事、総務と、文系が活躍できる職種は多くあります。

　文系の学生はとくに、製造業をスルーしがちです。チェックしてみると、意外といいインターンシップ先が見つかるかもしれません。

💡 インターンシップの合同企業説明会に参加してみよう

　志望業界、志望企業がはっきりしていない人は、インターンシップのための合同企業説明会に参加してみましょう。

　合同企業説明会とは、たくさんの企業が一堂に会し、就活生を対象に企業や仕事の情報を提供する場です。直接企業の人から話を聞け、わからないことについては質問もできます。

　大学のキャリアセンターに行けば、直近の開催予定を教えてくれます。

　基本的に予約不要、入退場自由なので、気負いする必要はありません。

　気軽に参加してみましょう。

　狙い目は、空いているブースです。

　第3章で詳しくお話ししますが、人気のない企業のなかにも優良企業はたくさんあります。

　空いているブースに積極的に話を聞きに行き、少しでも気になったら、その企業のインターンシップにぜひ参加してみましょう。

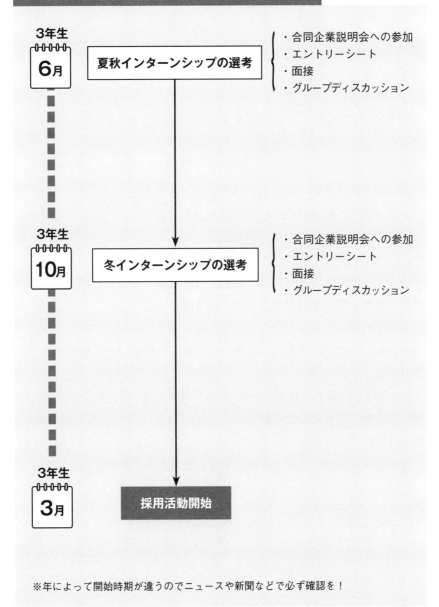

2 インターンシップのメリット

💡 インターンシップに参加するメリット

インターンシップへの参加には、3つのメリットがあります。

メリット①　生の「社風」をつかむことができる
メリット②　他大学の「就活仲間」ができる
メリット③　「本選考」に直結する

インターンシップは「絶対に参加しなければならない」というものではありませんが、参加したほうがお得です。

3年生の夏からインターンシップに参加している人と、全く参加していない人とでは、**いざ就活が始まったときに、情報量や人脈に大きな差が出ます。**

また、早い段階から社会人と会ったり、関わったりすることによって、**選考過程までに身につける必要がある「社会人としての立ち居振る舞い」も洗練されていきます。**

それでは、3つのメリットについて、詳しく見ていきましょう。

💡 メリット①　生の「社風」をつかむことができる

「入社したい」と思った会社が、本当にイメージ通りの会社なのか、あなたが入社するにふさわしい会社なのか、インターンシップに参加することで、より具体的に見極められます。

実際に会社の業務を体験するので、「本当に自分は、この仕事をしたいのか」「果たして自分は、この仕事に向いているのか」を考えることもできます。
　そのうえで、「この仕事がしたい」「この仕事に向いている」という結論が出たなら、その結論はインターンシップに参加する前よりもより強い「志望動機」となり、エントリーシート選考や面接で光り輝くことでしょう。

　また、社員の方に直接、質問をすることもできます。
　働いている人の「生の声」を、仕事をしている様子を見ながら聞ける機会は、インターンシップしかありません。
　パンフレットやネット上には出てこない「この会社は本当にいい会社なのか？」という一番知りたい情報を、本選考前の段階で聞くことができるのは、大きなメリットです。
　下記の表は、「インターンシップ中に社員に聞いておきたい質問」です。この質問を活用して、より深く、企業研究を進めていきましょう。

>> **インターンシップ中に社員に聞いておきたい質問**

・同業他社より優れていると思う点はどこですか？
・とくに力を入れていること（事業）は何ですか？
・会社が抱える克服すべき課題は何ですか？
・会社の雰囲気はどんな感じですか？
・どんな後輩と一緒に働きたいですか？
・やりがいを感じるのは、どんなときですか？
・「入社してよかった！」と思えることは何ですか？
・面接（採用試験）を通過するうえでのアドバイスをください。

相手が若い社員だったら、「内定をとるためにはどうすればいいですか？」とストレートに聞いてしまうのもいいでしょう。

年齢が近いということは、相手も選考を受けてから数年しか経っていないということです。そのため、その会社の直近の採用傾向・対策がつかめます。

貴重な出会いを大切にしましょう。

💡 メリット②　他大学の「就活仲間」ができる

他大学の「就活仲間」は、就活において大きな力になります。

学生だった当時、私は放送局を志望していましたが、私の大学には放送局志望の学生がいませんでした。そのため、友達の力を借りて他大学のマスコミ志望の人たちと知り合い、大学の垣根を越えて就活仲間をつくりました。

彼らとは、お互いの人脈を使ってOB訪問をしたり、それぞれの大学にしかない情報を持ち寄ったりして、「みんなで一緒に受かるため」にお互いを高め合うことができました。

実は、**大学によって集まる企業の情報には偏りがある**のです。A大学にはない情報が、B大学にはあったりします。

1人よりも2人、2人よりも3人で就活を行なうほうが、有益な人脈や情報を得られます。

企業の情報は多ければ多いほど、選択肢は広がります。

自分が通っている大学にある情報以外のものを得るためにも、また、モチベーション維持のためにも、就活仲間は必ずつくったほうがいいでしょう。

💡 メリット③ 「本選考」に直結する

　企業にとって、インターンシップは採用活動の一環です。
　インターンシップで印象のいい学生に関しては、本選考で優位に働くことがあります。
　インターンシップに参加した学生専用の採用枠があったり、インターンシップに参加した学生が、いきなり最終面接に呼ばれたというのはよく聞く話です。
　企業の人事部は人が少なく、忙しいため、無駄な仕事は極力省きたいというのが本音です。なので、インターンシップで見つけた優秀な学生に対しては、すんなりと内定を出す傾向にあります。

💡 2社以上に参加すれば企業ごとの比較もできる

　志望業界が決まっている場合、企業によって仕事内容に大きく差が出ることはあまりないですが、社内の雰囲気はそれぞれ違うため、「合う」「合わない」はあります。
　2社以上のインターンシップに参加し、比較することで、より自分に合っている企業を見つけられるのも、インターンシップの魅力です。「この企業で働きたい！」と決めていた学生も、インターンシップを経験したことで、同業界の別の企業により惹かれて志望を変えた、というようなことは、よくあります。
　インターンシップは、大いに活用しましょう。

3 インターンシップ先の選び方

💡「なんとなく」で選んではいけない

「インターンシップに参加する」と決めたとはいえ、体は1つ。

闇雲に参加しても、時間と体力の浪費で終わってしまいます。なかには「参加する必要のないインターンシップ」もあるため、なんとなく日時が合うから参加する、とりあえずみんなが参加するから自分も……などではなく、目的意識を持って、主体的に選ぶ必要があります。

💡「第1志望」には迷わず参加

第1志望の企業がインターンシップを募集していたら、迷わず参加しましょう。第1志望だというだけで、参加する価値があります。

第1志望の企業がインターンシップを開催していないときは、同業他社のインターンシップに参加して、仕事の内容や業界の雰囲気をつかみましょう。

33ページで述べたように、「夏秋」のインターンシップでは、まだ志望業界さえ定まっていない人も多いかもしれません。

その場合は、多くの業界のインターンシップ要項に目を通したり、インターンシップの合同説明会に参加したりして、そのなかでピンときた企業のインターンシップに参加しましょう。

「ピンとくる」ということは、その企業の何かに惹かれたということ。インターンシップに参加することは、自分に合った業界・企業を探す糸口になります。

💡 志望業界でなくても参加したい「フィードバック型」

「フィードバック型」のインターンシップもおすすめです。志望業界でなくても受けたほうがよいでしょう。

フィードバック型とは、グループワークをさせて、その内容について企業の社員が意見をいう形式のインターンシップです。

「あなたは現状、このような箇所がよろしくないから、ここを改善すると就活でうまくいきますよ」というアドバイスをもらえるのです。

企業が学生へのフィードバックを丁寧に行なうのには、理由があります。

それはずばり、親切なインターンシップを行なうことによる「宣伝効果」を狙っているからです。

フィードバック型のインターンシップを日本で初めて行なった企業の1つが、株式会社日伝です。

日伝は大阪にある機械の専門商社で、東証一部上場の優良企業ですが、ニッチな業界のためか、学生への知名度が低く、いい人材が集まらないという悩みを抱えていました。

そこで、「学生への丁寧なフィードバック」を売りにしてインターンシップを募集したところ、一気に応募者が増えたのです。

フィードバックの内容も好評で、一気に関西の「就活人気ランキング」で5位にまで上昇しました。

フィードバック型のインターンシップは、企業にもこうしたメリットがあるため、丁寧なインターンシップ、フィードバックをしてくれるのです。

フィードバック型のインターンシップかどうかは、応募段階でわかります。

応募要項に「グループワークによる弊社社員のフィードバックあり」

「弊社社員の振り返りあり」などと書いてあれば、フィードバック型であるというサインです。

志望業界でなくても、フィードバック型のインターンシップに参加することによって、就活をするうえでの自分の課題が明確になります。

就活にとって確実にプラスになるので、参加をおすすめします。

「参加する必要のないインターンシップ」とは？

参加する必要のないインターンシップは、募集要項から見極めることができます。

ポイントは、「どんな事業をしている会社なのか？」のイメージをつかむことができるかどうかです。

読んでいてその企業の事業内容がいまいちピンとこなかったり、何をしているのかがイメージできないものは、参加しても「ピンとこない」「何をしているのかよくわからない」で終わってしまう内容の薄いインターンシップのおそれがあります。

ただし、一度参加したら、「これは参加する価値がなかったな」と感じても、途中で離脱してはいけません。

たとえ合わなくても、いったん申し込んだ以上、最後まで参加するのが社会人としてのマナーです。

>> インターンシップ先の探し方ポイント

◎ 参加をおすすめするインターンシップ先

① 第1志望の企業

→ 仕事内容はもちろん、社内の雰囲気を知ることができる

② 第1志望の企業の同業他社

→ 仕事内容や業界の雰囲気をつかめる

③ インターンシップ要項や合同企業説明会でピンときた企業

→ 自分に合った業界・企業を探す糸口になる

④ フィードバック型

→ 志望業界でなくとも、就活で改善すべき点をアドバイスしてもらえる

◎ 参加する必要のないインターンシップ先

どんな事業をしているのか、イメージがつかめない企業

→ インターンシップも、「何をしているかわからない」で終わってしまう可能性あり

4 インターンシップの選考を通過する

💡 選考は年々、難しくなってきている

　インターンシップを実施する企業のうち半数以上が、応募した学生に対し、エントリーシートや面接で選考を行なっています。

　インターンシップの選考は本選考ほど厳しくはありませんが、エントリーシートの難易度は年々高くなっています。応募者が増加しているなかで、より意識が高く、ポテンシャルを秘めている人にインターンシップに参加してもらうため、企業もハードルを高く設定しているのでしょう。

　とくに「冬」のインターンシップは採用と直結していることもあり、エントリーシートもより難しいものになっています。

💡 絶対に外せないエントリーシートで聞かれる2つのこと

　インターンシップのエントリーシートの設問で多いのは、①「インターンシップに参加する動機」と②「自己PR」です。

　この2つをしっかり押さえておきましょう。

①インターンシップに参加する動機

　本選考の「志望動機」とは違います。

　本選考で伝える志望動機は、「A社で働きたい」ということです。しかしインターンシップは本選考ではありません。企業が投げかけている質問は、「なぜA社のインターンシップに参加するのですか？」であり、

A社に入社したい理由を答えても的外れになってしまいます。

インターンシップの場合は、**インターンシップによって何を得たいのか、何を学びたいのかという目的意識**が問われます。

ここが本採用のエントリーシートと最も違う点です。

入社したいという気持ちはいったん置いておき、そのインターンシップにおいて自分が何を得たいのか、得たものを今後の人生にどのように活かしていきたいかをしっかり伝えましょう。

②自己PR

第1章で行なった自己分析で発掘した自分の「強み」を、過去の経験や成果とともに伝えましょう。

その経験や成果を得る過程で、どのように考え、何を学んだのか。そこまで掘り下げるようにしましょう。

これをインターンシップの段階から聞いておくことで、企業としては早くから高いポテンシャルを持つ人材を発掘したいという狙いがあります。

💡 実例で学ぶ

インターンシップ選考のエントリーシートの実例を見ながら、さらに詳しく学んでいきましょう。

例に挙げるのは、ANA客室乗務職インターンシップのエントリーシートです。

ANAが提示した設問、添削する前の内容と添削ポイント、そして私が添削したポイントをもとに学生が修正して企業に提出したものを記載しました。

添削後のエントリーシートは、無事にANAの選考を通過しました。

ポイント①
インターンシップで得たいことを伝える

設問 ANA 客室乗務職インターンシップに参加を希望した理由を記入してください。（300 字）

Before

「学びを絶やさず、日々自身とチームを前進させ続ける仕事がしたい」と考える私がこの思いを体現することで、貴社の客室乗務員としてお客様に、そして会社に貢献できると確信したいためです。TEAM ANA がつないだバトンを最後にお客様へつなぐ大切な役割を担うのが客室乗務員です。**仲間に思いを託してもらっている、だからこそゴールのないおもてなしに対し、挑戦と努力を続けていらっしゃるのだと思います。**一人で持つ向上意欲より、仲間と共有し合うものは何倍ものパワーを発揮します。**それを全社員の方々で実現しているのが、貴社です。**自分の目と肌で感じ、真のグローバルエアラインを目指す一員に一歩でも近づけるよう学びます。

　　　　　自身の具体的なエピソードが述べられておらず、総じて ANA や客室乗務員職に対するお世辞で終わっています。設問の回答になっていません。

　このお題のポイントは、ANA の客室乗務員を志望する理由ではなく、ANA のインターンシップに参加を希望した理由を述べることです。そのためには、「このインターンシップで何を得たいのか」という目的意識と、「このインターンシップで得たことを今後の就活にどのように応用していくのか」ということを述べましょう。

After

　　客室乗務職が、保安要員という人の命を預かる仕事であることを深く理解するためです。私は高校でチアリーディングの部活動を通し、仲間と１つのことに情熱を注ぐやりがいを知りました。大学では国際協力活動へとさらに挑戦の場を広げ、常に物事に没頭して取り組んできました。これからの私にとって、その対象が仕事になります。**インターンシップを通し、大変興味を抱いている貴社の客室乗務職に上記のような姿勢で取り組めると確信したいです。**そのために、仕事として**お客様を守る覚悟も得たい**と思っています。客室乗務職を、イメージでなく本質から理解することで入社後の自分の姿をより具体的にし、お客様と会社への**貢献の形を見つけます。**

総評

　下線部分の４カ所で、目的意識が明確に打ち出すことができています。

　現状の自分をしっかりと認識し、そのうえでインターンシップに参加することで、より自身の成長につながるのだというメッセージが強く出るようになりました。

　また、部活動や国際協力活動などの自身の経験を入れたことで、なぜインターンシップに参加したいかが、しっかり伝わる文章となりました。

　本選考のエントリーシート部分（第４章）でもお話ししますが、自身の経験を入れて話に説得力を持たせることは、とても重要です。

※表記等一部を編集しておりますが、内容に変わりはありません。
※設問の文字数は、企業が設定したものです。

ポイント②
企業の説明を述べるだけにならないよう注意

設問 ANAが航空会社として社会に果たすべき責任は何だと思いますか。あなたの考えを記入してください。(300字)

Before

　貴社の全員が1人も欠けることなく安全を追い求めることです。<u>航空会社が何よりも守らなければならないもの、それは安全です。</u>貴社がお客様から選ばれ利用される理由は、信頼されているからだと思います。その信頼を形作るのは、これまで積み上げて来られた一つひとつの安全に対する姿勢と行いです。そしてその根本に、貴社の気づかい文化があります。<u>立場や担当業務の違いに関わらず、問題提起し感謝を伝え合える雰囲気と関係性</u>が、安全の基盤となっていると思います。この文化を大切にし続け、さらに活発に発展させていくべきです。<u>「お客様の安全と安心を守り、信頼に応え続けること」</u>。これこそ、貴社が社会に果たすべき最大の責任です。

添削ポイント

　総じて、企業の説明で終わってしまっています。こちらも設問の回答になっていません。
　なぜ、ANAが航空会社として社会に果たす責任を、「お客様の安全と安心を守り、信頼に応え続けること」と考えるようになったのかが書かれていないので、説得力がありません。
　その考えに至るまでの思考のプロセスを、自身のエピソードを交えて書いてみましょう。

After

　1人も欠けることなく全員で安全を追い求めることです。安全は何より守られるべきものです。以前、**国際協力活動で支援先のフィリピンに初めて渡航した際**、私は緊張と不安で押しつぶされそうでした。しかし**空港・機内で見た**のは、立場や担当業務の違いを越えチームとしてその一便を安全に飛ばすことに一丸となる貴社の方々の姿勢と振る舞いです。それは**心から信頼して命を預けることができる証となり、安心して自分の世界を広げる一歩を踏み出すことができました。**人々の挑戦と可能性を支える航空会社は何より「安全」でなくてはなりません。「お客様の安全と安心を守り、信頼に応え続けること」。これこそ、貴社が社会に果たすべき最大の責任です。

総評

　「仕事の説明」から「自身の体験」へと話が大きく修正されたことで、あなたが何を考えている人間かということが強く打ち出せています。
　設問の「ANAが社会に果たすべき責任」についても、自身の経験から述べられているため、説得力があります。
　BeforeもAfterも、ANAが社会に果たすべき責任を、「お客様の安全と安心を守り、信頼に応え続けること」であると伝えている点は同じですが、受ける印象は全く異なります。
　「伝え方」を変えるだけで、こんなにもエントリーシートの質は高くなります。

※表記等一部を編集しておりますが、内容に変わりはありません。
※設問の文字数は、企業が設定したものです。

ポイント③
行動したこと、成果をしっかり述べる

設問 あなたが日ごろから人との関わりの中で大切にしている考え方はどのようなものですか。小さなことでも構いませんので、自由に記入してください。
（300字）

Before

相手の想いに応え、期待を一歩でも超えられるよう心がけています。自分の目で世界を見たいと考え、国際協力活動でフィリピンのスラムを支援したのですが、支援先の人々は貧しい地域の現状、困っていることを打ち明け、私達の力になりたいという想いを歓迎し、信頼してくださいました。<u>**絶対にこの想いに応えたい、その期待以上に私にできることを精一杯したいと思いました。**</u>帰国後、これは友人やアルバイト先のお客様、同僚、私が関わるすべての人に対しできることだと気づきました。周りの人からさまざまなチャンスをもらい、支えてもらい、今の私があります。そんな人達と関わるとき、この考え方を大切にしています。

「絶対にこの想いに応えたい、その期待以上に私にできることを精一杯したいと思いました」とありますが、思っただけではダメです。きちんと行動して、成果を得たことまで述べないと、採用担当者の心は動きません。

設問の「大切にしている考え方」を述べるときには、あなたの「強み」を盛り込みましょう。そして「人との関わりの中で」は、お客さまと接することが多いANAが聞いているというところに、ポイントがあります。そのうえで、ANAの考えに合致した答えを考えてみましょう。

After

　相手の想いに応え、期待を一歩でも超えられるよう心がけています。国際協力活動での支援先の人々は、力になりたいという私達の想いを歓迎してくださいました。私は、その期待以上にできることを精一杯しようと思いました。頼まれたことをこなすだけでなく、もっと役立ち喜んでもらえるよう、住民の切望であった井戸を完成させ、さらに**貯蓄システムを構築し発展していけるよう尽力しました。**「期待以上だ。あなた達は家族よ」といって感謝を伝えてくださったとき、相手の期待を超えることができたことに充実感でいっぱいになりました。そしてこれは私が関わるすべての人に対してできることだと気づき、この考え方を大切にしています。

総評

　井戸をつくるボランティアはよくあることですが、「貯蓄システムを構築し、発展していけるように尽力した」という部分に、あなたの工夫とオリジナリティが出ています。

　ANAは顧客の期待に応え続けること、その期待以上のおもてなしを提供することを掲げています。その考え方にピッタリ一致しています。

　また、継続して努力し続ける人だという印象を与えるので、ぜひこの人にインターンシップに参加してもらいたいと思ってもらえる内容です。

※表記等一部を編集しておりますが、内容に変わりはありません。
※設問の文字数は、企業が設定したものです。

面接への臨み方

インターンシップの面接では、「インターンシップに参加する動機」「学生時代にがんばったこと」「自己PR」「インターンシップによって何を得たいのか」などを、いろいろな角度から質問されます。

自己分析をもとにしっかり自身の考えを固めておかないと、意識が低いと見られてしまいます。

しかしエントリーシートの選考と同じく、面接の評価も、本選考ほど厳しくはありません。

エントリーシート同様、「インターンシップへの目的意識」を伝えることを忘れず、現時点での自分の考えをぶれずに伝えることができれば、ほぼ心配することはないでしょう。

ちなみに、**インターンシップのエントリーシートや面接の内容は、本選考の内容と、無理に一貫させる必要はありません。矛盾しても大丈夫です。**

本選考のときに、採用担当者がインターンシップ時のエントリーシートを見ることはほとんどありません。

仮に採用担当者がインターンシップ時のエントリーシートを見て、本選考のエントリーシートとつじつまが合っていない部分を見つけたとしても、「それだけ成長したんだな」と好意的に見てもらえる可能性すらあります。

グループディスカッション方式の選考

インターンシップの選考で最近、急激に増えているのがグループディスカッション方式です。

グループディスカッションでは、「新製品の企画を考えてください」「日

本の少子化問題を食い止めるには？」「国の財政状況を立て直すには？」など、壮大でありながら、はっきりとした答えのないテーマについて、少人数で議論します。

30分ほどの制限時間の間にグループで議論して結論を出し、採用担当者に向けて発表するのですが、多くの場合、初対面の人同士でグループになります。

「緊張」と「遠慮」のなかで、答えのない議論がスタートするわけです。

当然、話がまとまらなかったり、行き詰まったりすることもあります。

そのなかであらわになる「人間性」と「協調性」を、採用担当者は見ています。

グループディスカッションはグループとなった「全員で受かる」か「全員で落ちる」かのどちらかと考えていいでしょう。

応募者が多く、人数をざっくりふるいにかけるために行なうことがほとんどだからです。

グループディスカッションには、司会・書記・タイムキーパーなどの役割がありますが、この分担も自分たちで決めることがほとんどです。

司会が一番目立つように思えますが、役割による有利・不利はありません。自分に合った役割を選びましょう。

リーダーシップをとることに慣れていない人が目立つためだけに司会をしたり、物事を俯瞰してノートにまとめる力がない人が無理をして書記を買って出たりすると、グループ全員で玉砕してしまいます。

「チーム全員で受かる」ことを考えて、ほかの人をサポートする意識で役割を決めるとよいでしょう。

5　実際のインターンシップの取り組み方

前日までに「企業の歴史」をチェック

選考を通過し、インターンシップに参加することになったら、前日までにその企業の「歴史」を調べておきましょう。

創業者はだれで、どのような理念を持って創業していて、どのような沿革を経てきたのかをつかんでおくのです。

あらかじめ企業の「歴史」を知っておくことで、その企業の社員が本当に、掲げている理念に基づいて働いているのか、それとも理念がただのお題目で終わってしまっているのかなどの判断材料になります。

また、**現在の社長の顔と名前もチェックしておきましょう。**

インターンシップの場に社長がひょいっと顔を出すこともあるからです。そのときにあいさつができないようでは、大きなマイナスポイントとなってしまいます。

当たり前のことを、当たり前にする

エントリーシートと面接で企業に伝えたことをそのまま実行すれば、心配いりません。

つまり、常に「目的意識」を持って取り組むということです。

・今日はこれを持ち帰る
・この仕事ではこの経験を得て帰る

など、目的意識を持って動くと、企業や業界に対する理解が深まります。

加えて、企業の社員から見て、すべての行動が自発的に映り、印象がよくなります。

ただし、自分をよく見せようと、あまりにも張り切りすぎるのは逆効果です。

インターンシップの段階では、あなたはまだ、企業にとっては「お客さま」です。「何かすごいことをしてくれるのでは」という期待はないので、レベルの高い仕事は要求されません。

いわれた時間に行き、いわれたことをして、いわれた時間に帰る。

基本はこれで問題ありません。

そのなかで常に「目的意識」を持つことができれば、自然と行動の質はガラリと変わります。

また、**「目的意識」とともに大切なのが「社会人としてのマナーを守ること」**です。

例えば、時間を守る、約束を守る、あいさつは大きな声ではっきりいう、話を聞くときは相手の顔を見る……。

一つひとつのマナーをしっかり守ることで、「この人と一緒に働きたいな」と印象づけることができます。

社会人向けのマナー本を1冊読んでおくと、よりよいでしょう。

目立とうとアピールするのではなく、当たり前のことを当たり前にしつつ、自分のなかで「目的意識」を常に持つ。

これが、インターンシップへの取り組み方の基本です。

気をつけたいトラブル

インターンシップで最近、増えているトラブルが、**「求人詐欺」**です。

インターンシップは「就労体験」の場ですが、企業が過剰に働かせる

事例が多く報告されています。
　やる気をアピールしたい学生の心理につけ込んで企業の都合のいいように働かせるのです。
　とはいえ、どこまでがインターンシップでどこからがタダ働きになるのか、その線引きはとても難しいものがあります。
　明確に「ここからが求人詐欺」という境界線があるわけではありませんが、仕事内容にあまりにも違和感があるときは、キャリアセンターに相談しましょう。

　もう1つ、よくあるトラブルとして報告されているのが**「お酒のトラブル」**です。
　インターンシップ先の社員に誘われて行ったお店で飲みすぎてしまい、インターンシップ中の不満や、その企業が第1志望ではないことなどをボロボロと話してしまったという人がいます。
　もちろん、その人はその企業の内定をとることはできませんでした。
　たとえインターンシップ中に仲良くなった年の近い先輩に誘われたとしても、自分がまだその企業の「お客さま」であることを忘れてはいけません。
　企業側にしてみれば、お酒に誘うのも意図があります。
　飲みの場での振る舞いを見るために、**戦略的にお酒に誘っている場合があります。**
　ワナにはまってはいけません。家に帰るまで、気を抜かないように注意しましょう。

>> インターンシップ前にチェックしておきたいポイント

- ☐ 企業の歴史
    - ・創業者
    - ・創業理念
    - ・沿革
- ☐ 現在の社長の顔と名前
- ☐ どのような「目的意識」を持って取り組むかを考える
    - ・今日はこれを持ち帰る
    - ・この仕事ではこの経験を得て帰る
    - など
- ☐ 社会人としてのマナーを頭に入れておく
    - ・あいさつや返事は大きな声でハキハキと
    - ・物は両手で受けとる
    - ・約束した時間の10分前には到着する
    - ・座っているときにだれかが来たら、立ってあいさつをする
    - ・不測の事態が起きたときには、すぐに連絡を入れる
    - ・約束は必ず守る
    - ・話を聞くときは相手の顔を見る
    - など
- ☐ お酒の席で気を抜かない

CHAPTER 2 まとめ

インターンシップに参加して内定獲得のための情報を得る

インターンシップのメリット

①生の「社風」をつかむことができる
②他大学の「就活仲間」ができる
③「本選考」に直結する

インターンシップ先を選ぶ

ー参加をおすすめするのは、
・第1志望の企業
・第1志望の企業の同業他社
・インターンシップ要項や合同企業説明会でピンときた企業
・フィードバック型
ー参加する必要のないインターンシップ先の見極め方は、
・どんな事業をしているのか、イメージがつかめない企業

選考を通過するためには

・目的意識を伝える
　⇒インターンシップを通して何を得たいのか、何を学びたいのか
・自分の「強み」を、過去の経験や成果とともに伝える
・グループディスカッションは、「チーム全員で受かる」という気持ちで臨む

インターンシップの取り組み方

・前日までに企業の歴史や社長の顔と名前を確認
・目的意識をもって臨む
・社会人としてのマナーを守る
・求人詐欺やお酒のトラブルに注意

実際に受ける
企業の選び方　CHAPTER **3**

1 まだ見ぬ優良企業の探し方

💡 「まだ見ぬ優良企業」を探す7つの方法

　いざ、受ける企業を探すとなったとき、あなたはどこから探しますか？
多くの人が、まずは大手ナビサイトを見るのではないでしょうか。
　現在、日本で新卒採用を行なっている企業は約4万社あります。
　そのうち、大手ナビサイトに掲載されている企業は、約1万2000～1万5000社です。
　つまり、もし大手ナビサイトのみで就活を行なった場合、その時点で、約2万5000～2万8000社は、自動的に選択肢から漏れることになるのです。
　この2万5000～2万8000社のなかには、たくさんの「まだ見ぬ優良企業」が隠れています。
　「まだ見ぬ優良企業」がこんなにもあることを知らないばかりに、選択肢にすら入れることができないのは、とてももったいないことです。

　本章では、「まだ見ぬ優良企業」の探し方についてお話しします。
　知っている企業の数が多ければ多いほど、あなたにピッタリの企業が見つかる可能性は高くなります。
　まずは企業の名前をどんどん探しましょう。
　次のページから、企業を探す7つの方法についてお話しします。

①テレビ番組から探す

💡 おすすめは『ワールドビジネスサテライト』

　最も手軽に、すぐに始められる「まだ見ぬ優良企業」の探し方が、テレビを見ることです。ぼーっとしていても向こうから勝手に情報を伝えてくれるテレビには、たくさんの記者が探してきた「まだ見ぬ優良企業」の情報がたくさんあります。

　一番のおすすめは、経済の最新情報を伝えるニュース番組、『ワールドビジネスサテライト』（テレビ東京系）です。

　テレビ東京が映らない地域の人は、テレビ東京の「ビジネスオンデマンド」に加入しましょう。月額500円＋税で『ワールドビジネスサテライト』を見ることができます（2017年現在）。1日に換算すれば20円弱の投資です。

　お金を払うことに抵抗がある人もいるかもしれませんが、それだけの価値が『ワールドビジネスサテライト』にはあります。

　はじめは、ぼーっと眺めているだけでかまいません。それだけでも、否応なしにいろいろな企業の名前や、取り組んでいる事業の内容が、耳に飛び込んでくるはずです。

　そのなかから興味を持ったものについて、ネットで検索をしてみましょう。「こんな企業があったのか、ほうほう」と、新たな企業の発見につながるはずです。

　それに慣れてきたら、今度は「目的意識」を持って見てみましょう。何かいい企業の情報はないか、何かいい経済の情報はないか、何か新しい話はないか。1つでも何かを得ようと考えながら番組を見ることで、新たな情報をキャッチできます。

この番組を通してさまざまな業界について知ると、自然と自分が興味のある業界、興味がない業界がわかるようになるため、就活のなるべく早い段階でこの番組のチェックを始めるとよいでしょう。
　自分が「働きたい業界」と「そうでない業界」を知ることができ、インターンシップ先の選考にも役立ちます。ここをきっかけに自己分析を深めていってもよいでしょう。

　また、**世界経済の動きを知ることができるのもおすすめポイント**です。
　今、世界の経済の動きはどう変わっているのか、そのなかで日本企業がどのように動いているのか、大局的な視点で世界経済の動きを伝えてくれるため、経済について詳しくない人でも、大まかな知識を身につけることができます。
　あなたが志望している業界や企業が、世界のなかでどのような立ち位置にいて、現在、どのような役割を果たしているのかなどを知ることで、よりその業界、企業を理解することができるようになります。
　特定の企業の動きとともに、それをとりまくさまざまな周辺情報が見えてくれば、自分の企業への貢献度（強み）もより具体的に見つかることでしょう。

　おすすめの番組が、あと２つあります。それは、**『がっちりマンデー!!』（TBS系）、『企業魂』（TOKYO MX）**です。
　TOKYO MXは東京都を放送対象地域としていますが、スマートフォンアプリ「エムキャス」をダウンロードすれば、どの地域からでも見ることができます。
　『がっちりマンデー!!』『企業魂』はともに、日本や世界で活躍する企業のさまざまなビジネスモデルや商品を紹介しているので、『ワールドビジネスサテライト』同様、企業探しに役立ちます。

>> 企業探しに役立つテレビ番組

おすすめ番組

『ワールドビジネスサテライト』

① まずは「ぼーっと見る」

→ いろいろな企業の名前や取り組んでいる事業内容が、目や耳に飛び込んでくるので、そのなかで興味を持ったものを検索してみる。

② 慣れてきたら「目的意識を持って見る」

→「自分に合った業界はないか」
「何かいい企業の情報はないか」
など、得たい情報を決めて見ることで、必要な情報のみを抽出できる。

★世界経済の動きを大局的な視点で伝えてくれる

「経済を全く知らなくても問題ない業界に行く」という人も、社会人として知っておくべき最低限の経済知識は、面接などで役に立つので積極的に見よう。

そのほかのおすすめ番組

『がっちりマンデー!!』(TBS系)
『企業魂』(TOKYO MX)

→どちらの番組も、その企業のビジネスモデルや商品について知ることができる。

②通っている学校から探す

💡 キャリアセンターを積極的に使う

　大手ナビサイトへの掲載を見送った2万5000～2万8000社が採用を募る場所の1つが、キャリアセンターです。
　キャリアセンターには、「いい情報」がたくさんそろっています。
　エントリーシートの過去問などのデータベースや求人票、学内合同企業説明会などの情報はもちろん、キャリアセンターの職員と仲良くなると、大手ナビサイトには載っていない企業の選考や最新の情報を特別に教えてもらえることがあります。

　今、日本の大学にあるキャリアセンターが共通して抱えている問題は「学生がなかなかキャリアセンターを利用しない」ということです。
　あなたは、通っている学校のキャリアセンターについて、どのようなイメージを持っていますか？
　自己PR文を提出して内容が薄いと怒られたり、面接の練習で厳しいことをいわれたりするというイメージを持っている人が多いのではないでしょうか。
　だからこそキャリアセンターは近年、「学生が来たくなるキャリアセンター」を目指し、親切な対応を心がけ、とっておきの情報を仕入れています。
　キャリアセンターの職員が持っている情報は、ネットに広がる噂レベルではなく、実際に人事担当者との付き合いのなかでつかんでいる「生の情報」です。これを使わない手はありません。

>> キャリアセンターで得られること

キャリアセンターには「生の情報」がある！

「生の情報」を得るためには

- （今日はこの情報を仕入れよう）という目的意識を持って、頻繁に通う
- キャリアセンター主催のイベントに積極的に参加する

このような情報を教えてくれる！

- ナビサイトでは「選考終了」と書かれているが、実はまだ募集している企業を教えてくれる
- あえて大手ナビサイトに載せていない企業の選考や説明会の情報を教えてくれる
- その学校だけに与えられた特別選考枠の情報を教えてくれる（※とくに銀行に多い）

★**キャリアセンターには積極的に顔を出そう！**

③新聞・本・雑誌・フリーペーパーから探す

💡『日本経済新聞』は3つの面だけチェック

　新聞、本、雑誌、フリーペーパーなどの紙媒体にも、「まだ見ぬ優良企業」との出会いは多くあります。

　なかでも多くの企業の情報が載っているのは、やはり新聞です。

　とくに『日本経済新聞』は、まだ見ぬ優良企業の宝庫です。朝刊だけで、膨大な数の企業情報が掲載されています。

　とはいっても、『日本経済新聞』を、1面から最終面まですべて読むのはなかなか大変です。社会人でも、毎日すべてを読んでいる人はそうそういません。

　『日本経済新聞』を読む際は、次の3つの面だけをチェックすれば十分です。

　その面とは、**「企業」「中小企業」「投資」の面**です。

　これらは、新聞の上部に記載されています。

「企業・消費」「企業総合」「中小企業」「投資情報」など、紙面の内容によって表記方法が違うことや、日によって掲載されていないこともありますが、まずはこの3つの面を探し出しましょう。

　面をすべて精読する必要はありません。**3つの面に出てくる「企業名」を探すのです。**

　名前の知らない企業が出てきたら、それらはすべて「まだ見ぬ優良企業」の候補です。

　続いて**「事業内容」や「社長のコメント」等が紹介されていないかチェック**します。

　ない場合は、その企業のHPを検索して探しましょう。

「事業内容」と「社長のコメント」の内容に少しでも惹かれたら、その

企業はあなたの志望企業となりえます。

　そのほかの欄は、読めれば読むに越したことはありませんが、無理をして読む必要はありません。

　とくに、数字部分は読めなくても問題ありません。経済の大まかな話は、61ページでご紹介した『ワールドビジネスサテライト』を見るだけで十分です。

💡「電子版」ではなく「紙」で読む

　新聞は「電子版」ではなく、「紙」で読むのがいいでしょう。紙だと「一覧性」があり、ぱっと見ただけで、視界から多くの情報が入ってきます。

　大切なのは、『日本経済新聞』を「熟読」することではありません。多くの「まだ見ぬ優良企業」の候補を探すために読むのです。視界の隅から自然と入ってくる情報にも、新たな企業との出会いがあります。

　ネットやSNSのニュースは、速報性はありますが、1つのテーマについて多くの企業の名前が載っているわけではありません。

　60ページでもお話しした通り、就活のはじめの段階では、とにかく、多くの企業を知ることが大事です。

💡『日本経済新聞』以外のおすすめ新聞

『日本経済新聞』以外にも、企業名・情報が多く載っている新聞があります。これからご紹介する新聞には、それぞれ得意な業界があり、各業界の「濃い情報」が多く載っています。そこから「まだ見ぬ優良企業」を探すのも手です。

『日経産業新聞』
得意業界：製造業、各種産業

『日経流通新聞』（日経MJ）
得意業界：流通、小売、物流、食品
『日経ヴェリタス』
得意業界：金融
『フジサンケイビジネスアイ』
得意業界：ベンチャー・IT・中小企業
『日刊工業新聞』
得意業界：製造業
その他の業界紙／『繊研新聞』（得意業界：ファッション）
　　　　　　　　『電波新聞』（得意業界：電気電子機器、電子部品など）

『繊研新聞』『電波新聞』は新聞社に直接注文しなくてはいけませんが、そのほかは、駅の売店で購入できます。売店により、置いている新聞の種類に違いがあるので、最寄駅やよく通る駅など、いくつかの駅の売店をのぞいてみましょう。

買うのが難しいようであれば、図書館に行くのをおすすめします。

図書館も場所によって置いている新聞の種類に違いはありますが、いくつかの新聞を一度に閲覧することができるのでおすすめです。

💡 本・雑誌・フリーペーパー

新聞以外にも、多くの企業が登場する紙媒体があります。代表的なものを右ページで紹介しています。

なかでもおすすめは、『就職四季報　女子版』（東洋経済新報社）です。**私は男性にも『女子版』を読むことをおすすめ**しています。『女子版』には、「女性に優しい企業リスト」が多く載っているからです。

女性に優しい企業は、男性にも優しいことが多いので、「まだ見ぬ優良企業」の候補となることでしょう。

>> おすすめの本・雑誌・フリーペーパー

本

『日本でいちばん大切にしたい会社 1〜5』
（坂本光司／あさ出版）

『ワールド・ビジネスサテライト　技あり！　ニッポンの底力』
（テレビ東京報道局・編／日本経済新聞出版社）

『ニッポンの「世界 No.1」企業』
（日経産業新聞社・編／日本経済新聞出版社）

『小さくてもいちばんの会社　日本人のモノサシを変える 64 社』
（坂本光司＆坂本光司研究室／講談社）

『ひとめでわかる産業図鑑＆業界地図　B２B編』
（イノウ・編著／技術評論社）

『隠れた名企業 54　製造業編（東京カレンダー MOOKS）』
（茂木君之／東京カレンダー）

『成毛眞の本当は教えたくない意外な成長企業 100』
（成毛眞／朝日新聞出版）

『新しいニッポンの業界地図　みんなが知らない超優良企業』
（田宮寛之／講談社）

雑誌

『就職四季報　女子版』※男性も女子版がおすすめ
（東洋経済新報社）

『日経 MJ トレンド情報源』 シリーズ　（日本経済新聞出版社）

『ダイヤモンド／ZAI（ザイ）』　（ダイヤモンド社）
　　　　　　　　　　　　　　※株式投資に関する情報がメイン

『alterna（オルタナ）』　（オルタナ編集部）
　　　　　　　　　　※CSRとその企業の志に関する情報がメイン

『日経トップリーダー』　（日経 BP 社）

※そのほか『日経業界地図』などの業界地図もおすすめ！

フリーペーパー

『ALevel（エラベル）』　※就活に役立つ企業情報がメイン

④中小ナビサイトから探す

💡 優良企業が「中小ナビサイト」に載せる理由

　実は優良企業ほど、大手ナビサイトではなく、中小ナビサイトに新卒求人募集を掲載しています。

　中小ナビサイトとは、「業界別」や「地域別」のように、掲載する企業の範囲を狭く絞っているサイトです。

　なぜ優良企業ほど、中小ナビサイトに新卒求人募集を掲載しているのかというと、その理由は、「あえて中小ナビサイトをチェックしている人」を狙っているからです。

　「みんなが登録している大手ナビサイトに登録する人」ではなく、**「コアな情報を得ようとしている人」を欲している**のです。少数精鋭で運営している優良企業ほど、この傾向は顕著です。

　大手ナビサイトに掲載して、応募者が殺到してしまうと困るため、「ミーハーな応募者」や「なんとなくの応募者」を排除し、企業が本当に欲している就活生に出会うための方策なのです。

💡 欲しい情報のみを検索できる

　中小ナビサイトの利点は、もう1つあります。

　大手ナビサイトは、「業界別」「地域別」に絞り込んで情報を探そうとしても、結局、周辺業界・周辺地域の情報までついてきてしまって、何も絞り込めていないということが多くあります。

　その点、中小ナビサイトならば、「業界別」「地域別」の求人しか掲載されていないので、絞りこめないということがありません。

　あなたが望む条件の企業を探すことができます。

💡「業界別ナビサイト」は情報が速く、濃い

業界別ナビサイトには、業界団体自らがサイト運営しているものがあり、その業界団体主催の就職セミナーの募集がナビサイト上で行なわれることがあります。

そのセミナーで初めてエントリーシートが配られたり、募集要項が発表されたりすることもあり、いいことずくめです。

例えば、「ウエディングエミィ」というブライダル業界専門のナビサイトでは、「ウエディングエミィ」主催のセミナー情報や、そのほかブライダル業界の新しい情報が数多く発信されます。

専門性が高いからこそ、情報が速く、内容が濃いのです。

志望業界があるのなら、その業界専門のナビサイトがあるかどうかをチェックし、あった場合は、必ず登録しましょう。

💡「地域別ナビサイト」もチェックを

地域別ナビサイトにも、地元に密着した優良企業がたくさん掲載されています。

自治体が運営していることが多く、地元企業に特化した合同企業説明会や就活セミナー、ワークショップなどのイベント開催のお知らせや、就活に役立つ情報なども得ることができます。

多くの地域でサイトを運営しているので、ぜひ検索して探してみましょう。

働く地域を限定したい場合はもちろん、優良企業を探すために見るのもおすすめです。

>> 業界別ナビサイト例

- 理系ナビ（理系専門）
- 美大芸大就活ナビ（美術系学生専門）
- 駐留軍等労働者労務管理機構（エルモ）（在日米軍専門）
- ジョブウェイ（中小企業に強い）
- パッションナビ（ベンチャー中心）
- Goodfind（ベンチャー専門）
- ラクジョブ（アニメ・ゲーム・漫画業界専門）
- EcoJob（環境ビジネス）
- MR-NET@EGG（MR専門）
- ブランドキャリアジュニア（ファッション・アパレル業界）
- HOTERES新卒情報（ホテル、レストラン、ブライダル業界）
- グルメキャリー新卒（飲食・レストラン業界）
- ウエディングエミィ（ウエディング業界）
- 新規就農相談センター（農業専門）
- マスナビ（マスコミ業界）
- 出版.COM（出版・印刷業界）
- やまとごころキャリア（訪日観光業界、旅行業界）
- musicjob.net（音楽業界）
- 体育会ナビ（体育会系専門）
- 野球の力（野球部専門）
- ラガキャリ（ラグビー部専門）
- バドキャリ（バドミントン部専門）
- スポジョブ（スポーツ業界）
- クリ博ナビ（広告・映像・編集・ＷＥＢ制作）
- CareerForum.Net（日英バイリンガル専門）

>> 地域別ナビサイト例

- Kocchake!（秋田県専門）
- ふくしまファン（福島県専門）
- 千葉キャリ（千葉県専門）
- 就活応援ナビ（群馬県・栃木県専門）
- 成長企業ナビ（神奈川県専門）
- ジョブシナノ（長野県専門）
- にいがた就職応援団（新潟県専門）
- でーJobら、ねっと（新潟県長岡市専門）
- SJCナビ（静岡県専門）
- 名大社（愛知県・岐阜県・三重県専門）
- 株式会社アイバック（富山県・石川県・福井県中心）
- kinet（富山県専門）
- 働くなら、福井（福井県専門）
- はりまっち（兵庫県専門）
- わかやま就活応援ナビ（和歌山県専門）
- SEEDS（岡山県・広島県・香川県専門）
- しまね就活情報サイト（島根県専門）
- jobナビかがわ（香川県専門）
- 理解ナビ（愛媛県専門）
- KENJIN（高知県専門）
- 福岡県若者しごとサポートセンター（福岡県専門）
- さが就活ナビ（佐賀県専門）
- OPASS（大分県専門）
- Debut（熊本県専門）
- ジョーナビ（沖縄県専門）

⑤ 展示会から探す

💡「現場のリアル」がわかる

　業界団体主催の展示会も「まだ見ぬ優良企業」に出会うための有力な場です。

　展示会とは、企業が自社商品やサービスの売買の契約をしたり、新商品の紹介やイメージ向上のために商品を展示するイベントのことです。

　最近は、「学生お断り」の展示会も出てくるようになってしまいましたが、なかには、「学生歓迎」と標榜している展示会もありますし、「消費者」の参加を歓迎している展示会もあります。ぜひ潜り込んでみることをおすすめします。

　展示会は、企業の商品やサービスについて社員から直接説明をしてもらえるのが大きなメリットです。

　興味のある商品を見つけたら、積極的に話を聞いてみましょう。

　会社説明会とは違い、展示会は現場の人が働いています。

　社員同士の話し方や雰囲気から、「現場のリアル」を感じることができるでしょう。

　OB訪問が簡単にできることも、展示会の大きなメリットです。

　興味を持った企業のブースでは、「就活生です」と話しかけてかまいません。

　ただし相手は仕事中ですから、忙しいときは話を聞いてもらえない場合もあります。そのときは素直に引き下がりましょう。

　百発百中というわけではありませんが、「就活生」だと話すと、向こうも事情を汲みとってくれて、結構、話を聞いてもらえることが多いものです。

もしも話してくれそうならば、「その企業のリアルな情報をつかむこと」をゴールに、37ページのインターンシップ中に社員に聞いておきたい質問を参考に、いろいろインタビューしてみることをおすすめします。
　その企業の採用活動について聞いてみるのもよいでしょう。
　聞いた話は、その場でメモをとり、可能ならば名刺をもらうことです。
　そしてその日中に、お礼のメールを送りましょう。
　中小企業やベンチャー企業などのブースの場合、声をかけた人が社長や採用担当者である可能性があります。
　よい印象をしっかり残すことができれば、実際の選考時、企業があなたの名前を覚えていて、選考が有利に進むことがあります。
　これは、次のページで紹介する合同企業説明会でも同じことがいえます。

>> 展示会に行こう！

おすすめの展示会

- CEATEC（電気電子業界専門の展示会）
- JIMTOF（工作機械業界専門の展示会）
- page（印刷・出版業界の展示会）
- 東京国際ブックフェア（出版業界の展示会）

展示会情報サイト

- ExpoTODAY
- J-Net21内の「主要展示会カレンダー」
- EVENT REPORTの「イベントカレンダー」

⑥合同企業説明会から探す

💡「参加する説明会」と「参加しない説明会」に振り分ける

　合同企業説明会は玉石混淆(ぎょくせきこんこう)です。すべてに参加しようと思ったら、時間と体力がいくらあっても足りません。

　企業研究やエントリーシートの作成など、ほかにもすべきことはたくさんあるので、「参加する説明会」と「参加しない説明会」にはっきり振り分けて、効率よく就活を行なっていきましょう。

💡「参加しなくていい説明会」とは？

　大手ナビサイトが主催する合同企業説明会は、駅や電車内に広告がたくさん出ていて、目に留まる回数も多いものです。就活に関する何か重要な情報をつかめるのではないかと思うのではないでしょうか。

　しかし、大手ナビサイトが主催する合同企業説明会に参加する必要はありません。

　大手ナビサイト主催の合同企業説明会は、そのナビサイトが「こんな活動もやっています」という宣伝のために行なうものがほとんどだからです。

　「呼ばれたから仕方なく来た」「とりあえずブースを出しているだけ」という企業が結構あります。このような企業には、「この説明会でいい学生を捕まえよう」というモチベーションはあまりありません。「形だけ」の説明会になるケースがほとんどです。

　名の通った企業ほど、この「形だけ」の説明会になる傾向は顕著です。なぜなら、わざわざ説明会に参加しなくても、求人をかければ応募がわんさかあるからです。とくに集客する必要がないのです。

💡「参加しなくていい説明会」に行かざるをえない場合は？

　しかしなかには、大手ナビサイト主催の合同企業説明会に、学校から強制参加させられるケースがあります。
「行きたくないけれど、行かざるをえない」場合もありますよね。
　そんなときは、「穴場」を探しましょう。
「学生がいないブース」に行くのです。
　これは私がいろいろな企業と付き合ってきた経験からいえるのですが、優良企業には「不器用」な企業が多いように感じます。自己プロデュースや宣伝が下手なのです。
　そのため、**合同企業説明会で学生が全くいないブースを訪れることは、新たな「まだ見ぬ優良企業」との出会いのチャンスかもしれません。**
　せっかくなので、とりあえず飛び込んで、自分の顔を売っておきましょう。詳しい企業研究はそのあとにすれば大丈夫です。

　もちろん、自分に合いそうな企業ではなかったということも多くあります。説明会の場をできるだけ有意義に過ごすためにも、「下調べ」をしてから参加するに越したことはありません。
　出展企業のリストは事前に公表されているので、聞いたことのない企業名を見つけたら合同企業説明会の前にネットで検索して「事業内容」をチェックしておきましょう。
　ちなみに、上場しているかどうかは、Yahoo! ファイナンスで企業名を検索するとわかります。Yahoo! ファイナンスには上場している企業だけが載っているため、検索に引っかかったら、その企業は上場しているということです。
　聞いたことのない企業であっても、上場しているというのはよくある話です。まさに「まだ見ぬ優良企業」です。チェックしましょう。

💡 積極的に参加したほうがいい合同企業説明会とは？

　積極的に参加したほうがいい合同企業説明会もあります。それは、企業側に「いい学生を探そう」というやる気があるものです。
　具体的には、次のような合同企業説明会にその傾向があります。

・行政（省庁、自治体など）が主催する合同企業説明会
・業界団体が主催する合同企業説明会
・商工会議所、中小企業同友会が主催する合同企業説明会
・大学生協が主催する合同企業説明会
・学内で行なわれる合同企業説明会
・合説どっとこむに掲載されている合同企業説明会

　これらの合同企業説明会には、多くの場合、内定を出す権限を持っている人がやってきます。
　つまり、**「その場でいい学生がいたら、捕まえてしまおう」とやる気満々**なのです。**採用に直結しやすい合同企業説明会**といえます。
　企業側がそれだけやる気なのですから、参加する側にも、それなりの覚悟が求められます。事前の準備が大切です。
　志望企業がある場合は、「自己PR」と「学生時代にがんばったこと」を固めておいたうえで、出展する企業の「事業内容」や「理念」をチェックすることも忘れないようにしましょう。
　いきなり「面接」のような雰囲気になることもあります。合同企業説明会に参加する段階で、面接対策も求められるわけです。
　「採用されに行く」という野心を持って参加するとともに、本書の第5章を読んで、面接対策も入念に行なっておきましょう。

>> 「参加しなくていい説明会」と「参加したほうがいい説明会」

参加しなくていい説明会

・**大手ナビサイト主催の合同説明会**

⇒ 学生を捕まえる気のない出展企業が多い

⇒ やむをえず参加する場合は、人気のないブースを狙う

参加したほうがいい説明会

・**行政（省庁、自治体など）が主催する合同企業説明会**

・**業界団体が主催する合同企業説明会**

・**商工会議所、中小企業同友会が主催する合同企業説明会**

・**大学生協が主催する合同企業説明会**

・**学内で行なわれる合同企業説明会**

・**合説どっとこむ（https://www.gosetsu.com/）
　に掲載されている合同企業説明会　etc.**

⇒ 学生を捕まえる気満々の企業が多い

⇒ いきなりその場で面接になることも

⑦省庁が選ぶ企業から探す

💡 「初めて聞く名前の企業」は要チェック

　経済産業省や厚生労働省などの省庁は、さまざまな観点で「優れた会社」を選出し、発表しています。
　例えば経済産業省が選出する「新・ダイバーシティ経営企業100選」は、女性・外国人・高齢者などを積極的に雇い入れることにより、さまざまな価値観の人がともに働くことで、新しいイノベーションを起こしていこうとする企業を紹介しています。
　旧態依然とした企業ではなく、どんどん新しいことに挑戦していこうという企業がほとんどなので、入社直後から、積極的に意見できる環境が整っています。
　また、「くるみん認定企業」は、子育てサポート企業として厚生労働省の認定を受けた企業で、女性の妊娠・出産・子育てに優しく、社員が快適に働ける環境が整っています。
　「えるぼし認定企業」は、女性の活躍を推進しているとして厚生労働省の認定を受けた企業で、女性が存分に活躍できる環境が整っています。
　この2つの認定企業は、その証として、くるみんマークとえるぼしマークを広告等で使用できます。求人票にも使用できるため、求人票を見る際はぜひチェックしてみてください。

　省庁が選出する企業には有名企業も多いですが、あなたが初めて名前を聞く企業もまだたくさんあるはずです。
　そのような企業は「まだ見ぬ優良企業」の可能性が高いです。ぜひ調べてみましょう。

>> 省庁が選ぶさまざまな企業を知ろう

経済産業省
新・ダイバーシティ経営企業100選

経済産業省
グローバルニッチトップ企業100選

経済産業省
おもてなし経営企業選

厚生労働省
「若者応援企業宣言」事業

厚生労働省
くるみん認定企業

厚生労働省
えるぼし認定企業

厚生労働省
安全衛生優良企業公表制度
（労働安全衛生に関して積極的な取り組みを行なっているとして、認定を受けた企業）

2　企業研究で自分に合った企業を見つける

企業研究は「4つの観点」で

「まだ見ぬ優良企業」の探し方を通して、たくさんの企業を知ることができたら、次は、その企業の研究です。

企業研究をすることで、自分に合った企業を見極めることができます。

企業のことをより深く知るうえで押さえておきたいのが、次の4つの観点です。

・その企業が同業他社より優れている点は？
・その企業がとくに力を入れていること（事業）は？
・その企業が本当に欲している人物像は？
・その企業のお金の流れ（ビジネスモデル）は？

この4つにしっかり答えられたら、その企業については就活をするうえで必要な研究ができたといっていいでしょう。これ以上する必要はありません。

企業のHPの「事業内容」「企業理念」「社長のメッセージ」「社員のインタビュー記事」などを見れば、その企業の優れている点や力を入れている事業、欲している人物像のことがわかります。

また、企業研究と業界研究をするうえで役立つサイトを、次のページで紹介します。

なかでもとくに信用できる口コミサイトは「VORKERS」です。最もシェアが大きく、おすすめです。

新卒の就活でも意外におすすめなのが、「転職者向け」の口コミサイトです。主に退職者が書いていることもあり、会社に対してネガティブなバイアスがかかっている場合がありますが、それを認識したうえで参考にするには、実際に働いていた人の声を聞けるのでとても有用です。

　そのほか、**創業者や社長が書籍を出している場合は、ぜひ読んでみましょう**。企業のHPを見るよりリアルに、その企業の方針や創業者や社長の思いを知ることができます。

　「お金の流れ（ビジネスモデル）」＝「利益を上げている仕組み」に関しては、その企業が上場しているなら、有価証券報告書の「会社の事業内容」の項目を見ましょう。上場していない企業の場合は、会社のHPやパンフレットの会社案内部分で述べられていることが多いです。

　例えば製造業の場合、利益をどのように上げるでしょうか。商品を製造して販売する、サービス（商品を貸して使用した分のみの料金を支払う等）を提供するなどの方法が挙げられます。

　企業が利益を上げる仕組みを知っておくことで、「企業の利益に貢献できる」という話に、より説得力を持たせることができるようになります。

>> 企業研究と業界研究に役立つサイト

- **VORKERS**（口コミサイト）
- **キャリコネ**（口コミサイト）
- **転職会議**（口コミサイト）
- **クモノス**（上場企業研究サイト）
- **年収プロ**（年収の金額がわかる）
- **転職のモノサシ**（年収の金額がわかる）
- **業界動向 search.com**（業界研究）
- **バリューチェーン分析事例集**（業界研究）
- **Ullet**（企業研究）

3 OB訪問・企業訪問でさらに理解を深める

💡 ミスマッチに早めに気づく

「まだ見ぬ優良企業」を探すことができたら、さっそくOB訪問・企業訪問を開始します。

実際にその企業で働く社員に会って、「本当のところ、どんな会社なのか」を直接聞きましょう。

その企業の考えと自分の考えが合わないことはよくあることです。入社後にそのズレに気づき、数年で退社することになってしまわないよう、OB訪問や企業訪問で、企業の現実と自分の理想にミスマッチがないか、見極めましょう。

OB訪問や企業訪問で聞くべきことは、インターンシップ中に社員に聞いておきたい質問と同じです（37ページ参照）。

💡 Facebookを活用しよう

「OB訪問したいけど、通っている大学のOBが志望企業にいない場合、どうしたらいいですか？」

こんな質問をされることがありますが、OB訪問は同じ大学出身でなくても全く問題ありません。例えば、Facebookでその企業に勤めている人を探してお願いするのもOKです。

Facebookの検索欄で企業名を入力すると、検索結果に、その企業に勤めている人がずらっと出てきます。そのなかから年齢が近そうな人に「OB訪問をさせてください」とメッセージを送るのです。

丁寧な文言でメッセージを送れば、失礼にはなりません。思い切って行動してみましょう。

　OB訪問をしたあとは、必ずお礼の手紙、もしくはメールを送るのを忘れないように。話を聞かせてくれた人は、もしかしたら、あなたの未来の上司になるかもしれない人です。失礼がないよう、誠意を持ってお礼を伝えましょう。

💡 OB訪問や企業訪問を仲介してくれるサイトがある

「OBや企業に直接連絡するのは勇気がいる……」
「忙しい時期だったら、迷惑になるかも……」

　そんな人におすすめなのが、OB訪問や企業訪問を仲介してくれるサイトです。さまざまな業界の人とつながることができるので、ぜひ積極的に活用しましょう。

　それでもまだ不安があるという人は同じ業界を志望している友人と一緒に訪問してもよいでしょう。

　とくにおすすめのサイトを以下に紹介します。

>> OB訪問、企業訪問を仲介してくれるおすすめサイト

- VISITS OB
- 茶会人訪問
- Matcher
- ソーシャルランチ
- LIFE
- ジョブカレ
- CoffeeMeeting

4 まだ見ぬ優良企業を実際に見てみよう

💡「世界トップシェアを持つ企業」「上場している世界 NO.1 企業」

　私が独自に選出した「優良企業」を紹介します。
　世界トップのシェアを持つ企業、上場している世界 NO.1 企業を、製造業をメインに挙げ、一覧にしたものが 87 〜 89 ページの表です。
　これは、『日本経済新聞』などの情報から、私が集めた企業の一覧です。

　あなたは企業の名前を、いくつ知っているでしょうか？
　例えば、「キッツ」という企業を聞いたことがあるでしょうか。バルブで国内トップシェアを持つ企業なのですが、本書を読んでいる多くの人が耳にしたことがないと思います。
　87 〜 89 ページの一覧を見て、聞いたことがない企業が多い場合、あなたが知らない企業はまだまだたくさんあるということです。
　本章で挙げた方法を使って、ぜひ、あなたに合った優良企業を広い視野で探してみてください。きっとそのなかに、あなたにピッタリ合う企業があるはずです。
　1 社でも多くの企業に出会うことが、就活を本当の意味で満足なものにするための、大きなカギとなります。

※ 87 〜 89 ページに掲載している企業一覧は、著者の経験とその当時に発表されていた会社情報に基づき、著者が個人の判断で選出したものであることをご了承ください。

>> 「優良企業」一覧

世界トップシェアを持つ主な日本企業

旭硝子（建築用・自動車用ガラス）
アスモ（自動車用小型モーター）
アルプス電気（レーザー光源用非球面ガラス）
オムロン（小型液晶用バックライト）
キッコーマンバイオケミファ（ヒアルロン酸）
クレハ（リチウム電池用接着樹脂）
小糸製作所（自動車用ランプ）
蛇の目ミシン工業（家庭用ミシン）
矢崎総業（自動車用ワイヤハーネス）
図研（プリント基板設計用 CAD・CAM システム）
池上通信機（放送用映像機器）
ダイキン工業（空調機器）
大同メタル工業（軸受けメタル）
ディスコ（精密加工装置）
日プラ（アクリル水槽）
日本化成（太陽電池封止材用添加剤）
日本セラミック（赤外線センサー）
日立金属（ネオジム磁石）
根本特殊化学（夜光塗料）
パナソニック（リチウムイオン電池）
ヒロボー（ラジコン）
古野電気（船舶用レーダー）
PFU（業務用スキャナ）
扶桑化学工業（リンゴ酸）
リョービ（ダイカスト）
リンテック（コンデンサ用フィルム）
吉忠マネキン（マネキン）

>> 「優良企業」一覧

上場している世界NO.1企業

東レ（PAN系炭素繊維世界首位）
信越化学（塩ビや半導体ウエハー世界首位）
DIC（海外企業買収でインキ世界首位）
ブリヂストン（タイヤで世界首位）
日本ガイシ（ガイシ世界一）
日本特殊陶業（プラグ、センサー世界一）
大同特殊鋼（世界最大級の特殊鋼専業メーカー）
SMC（FA向け空圧制御機器で世界首位）
NTN（アクスルユニットは世界首位）
安川電機（サーボモータとインバータ世界首位）
マブチモーター（小型モーター世界シェア5割以上）
日本電産（ブラシレスDCモーターHDD用で世界首位）
アドバンテスト（半導体試験装置で世界首位）
ウシオ電機（産業用ランプで世界首位）
ファナック（工作機械用NC装置及び多関節ロボット世界首位）
村田製作所（セラミックコンデンサ世界首位）
トヨタ自動車（自動車メーカーで生産世界首位）
アイシン精機（AT[自動変速機]世界シェア首位）
ホンダ（2輪と草刈機は世界首位）
シマノ（自転車パーツメーカーとしては世界最大）
小津産業（不織布世界シェア1位）
オリンパス（世界シェア7割の内視鏡）
シチズンHD（ムーブメントは世界首位）
商船三井（タンカー・LNG船は世界一）
住友ベークライト（半導体封止剤は世界首位）
フジミインコーポレーテッド（超精密研磨材で世界シェア9割）
古河機械金属（高純度金属ヒ素は世界シェア首位）

>> 「優良企業」一覧

上場している世界 NO.1 企業

大阪チタニウムテクノロジーズ（高品質の金属チタンで世界首位）

ディスコ（半導体、電子部品向け切断・研削・研磨装置で世界首位）

ユニオンツール（POB[プリント配線板]用ドリル世界首位）

椿本チエイン（産業用チェーンで世界首位）

JUKI（工業用ミシン世界一）

TPR（シリンダーライナは世界一）

芝浦メカトロニクス（液晶用洗浄装置や TAB 実装・DVD 成膜・貼り合せ装置で世界首位）

ワコム（電子ペン入力方式のコンピューター用タブレット世界首位）

堀場製作所（エンジン計測器で世界シェア 8 割）

日本電子（主力の電子顕微鏡は世界シェア 5 割）

SCREEN ホールディングス（ウエハー洗浄装置で世界一）

FCC（クラッチ専業で 2 輪は世界一）

ジャムコ（航空機用内装品 [ギャレー・ラバトリー] で世界一）

長野計器（機械式圧力計はグループ世界シェア首位）

東京精密（計測器ウエハーテスト用では世界一）

ノーリツ鋼機（写真 DPE 用ラボ機器で世界一）

SHOEI（高級ヘルメット世界シェア首位）

グローブライド（釣具は竿・リールから餌まで扱いシェア世界一）

※ 87 〜 89 ページに掲載している企業一覧は、著者の経験とその当時に発表されていた会社情報に基づき、著者が個人の判断で選出したものであることをご了承ください。

5 「ブラック企業」を避けるには

💡 「ブラック企業」とは

　がんばって内定を勝ちとり、いざ入社した企業が「ブラック企業」であることほど悲惨なことはありません。
　私が考えるブラック企業とは、**「法律を守っていない企業」**です。
　事業内容がどう見ても「詐欺」である、法律が定める残業時間の規定を大きく超えている、残業代が全額支払われない、明らかなパワハラ・セクハラがある……。
　どれも「法律を守っていない企業」の典型例です。
　ブラック企業を見極めるうえで１つの目安となるのが、**『就職四季報』（東洋経済新報社）に掲載されている離職率**です。
　ブラック企業に入社した人は数年で辞めてしまうことが多いため、３年以内に30％以上の人が辞めているようであれば、その企業には何らかの「辞めたくなる事情」があると考えてよいでしょう。
　もう１つ、私が考えるブラック企業の定義があります。
　それは、**「自分に合っていない企業」**です。
　企業の理念や仕事内容、雰囲気が合っていない場所で働くのは、とても苦痛ですから、その人にとってはよい企業でないといえるでしょう。

💡 なぜブラック企業に人が集まるのか

　「ブラック企業に入りたくない」
　すべての人に共通する思いのはずです。

それなのに毎年、ブラック企業に入社してしまい、後悔する人が続出しています。

その理由は、次の４つといえるでしょう。

①人気業界にブラック企業が多い
②ブラック企業は「ブラック色」を隠すのが巧み
③知っている企業の数が少なすぎる（＝ブラック企業に入社する確率が高くなる）
④ブラック企業を避けようとするあまり、自分の「軸」がぶれ、結果的に自分に合っていない企業に入社してしまい、仕事が苦痛になる

①から見ていきましょう。

ブラック企業は、人気業界に多く見られます。

代表的なのが、旅行業界です。「給料は少なくても、たくさん旅行ができるから」と考えて入社した人が、思った以上の長時間労働と給料の安さにめげて、辞めていきます。「人気の業界だから」というだけで安易に決めるのはやめましょう。

例えば、就活中にインターンシップに参加したり、OB訪問や企業訪問をして話を聞いて、しっかりその業界のことを知っていれば、入社せずに済んだかもしれません。

自分が望む働き方ができる企業に入社するためには、インターンシップへの参加やOB訪問・企業訪問をして企業研究を深めていくことが絶対条件といえるでしょう。

②は、見抜くのが少し難しいかもしれません。

ブラック企業ほど、宣伝がうまいからです。

ブラック企業は、どんなことをしてでも新卒の採用を増やしたいと考

えます。数年で辞めていく人が多いからです。

　なので大金をはたいて大手ナビサイトに掲載し、魅力的な記事を記者に書いてもらって、自社のイメージを高めます。自社サイトも丁寧に、さわやかにつくられていて、とてもブラック企業とは思えないつくりになっています。

　ブラック企業が「ブラック色を隠す」という現実があるなかで、どうブラック企業を見抜けばよいのでしょうか。

　それは94ページでお話しします。

　続いて③です。

　就活生の多くは大手ナビサイトのみで就活を行ないます。ここに落とし穴があります。

　ブラック企業は、大手ナビサイトに多く潜んでいるからです。

　すでにお話ししたように、**現在、新卒採用を行なっている全4万社のうち、大手ナビサイトに掲載されているのは約1万2000～1万5000社**です。

　つまり多くの人は、わざわざ**「ブラック企業率の高い、狭い選択肢」**のなかから、受ける企業を選んでしまっているのです。

　知らず知らずのうちにブラック企業に入社してしまうのも頷けます。

　最後の④。

　これは、「ブラック企業に入社したくない」という気持ちばかりが先走ってしまい、「自分がどんな仕事をしたいのか」の部分がおろそかになってしまうパターンです。

　確かに、法律を守らず、新卒学生を使い捨てるような企業や、自分に合わない企業には、だれもが入社したくないものですし、私も入社しないように強くすすめています。

　しかし会社選びの軸が「ブラック企業でないこと」のただ1点では、

自分の「軸」がぶれ、結果的に自分に合っていない企業に入社してしまうことになります。

　とある銀行は、3年で35％ほどが離職してしまうのですが、その理由は「飛び込み営業」があるからです。

　銀行志望の人のなかには、「飛び込み営業がないから」と考える人がいますが、そんなことはありません。ここでミスマッチが起きて、辞めてしまうことになるのです。

　大切なのは、自己分析をして「自分がどんな仕事をしたいのか」「自分はどんな働き方をしたいのか」という「軸」をつくり、それに合った「優良企業」を探すことです。

「軸」をつくれば、企業探しにおいて信念ができ上がり、企業を探すうえできちんとした選択基準ができるようになります。

　結果、本当に自分が勤めたいと思える、自分に合った企業を選べるのです。

　就活の準備段階で行なった自己分析を、企業選びの段階で改めて行なっておきましょう。

6 「ブラック企業隠し」は「事業内容」で見抜く

特定の部署だけが「ブラック」という場合もある

　ブラック企業であればあるほど、自社がブラック企業であることを隠すのがうまいものです。
　私がかつて勤めていた会社も、そうでした。
　インターネットの掲示板上では評判のいい大手企業で、この企業なら長く働ける、と希望に満ちあふれて入社しました。
　ところが、その期待は見事に裏切られました。あろうことか、私が配属された部署「だけ」が「ブラック」だったのです。
　ほかの部署はおおむねホワイト。だからなかなか、その企業のブラックさは明るみには出ません。
　「ブラック企業」にはこのようなパターンもあるのか、とある意味、感動しました。

「事業内容」はピンとくるか

　ブラック企業は、「事業内容」で大まかに見分けることができます。
　企業サイトやナビサイト、パンフレットに載っている「事業内容」を、じっくり読んでみましょう。そして会社説明会では「事業内容」に関する説明を積極的に聞きましょう。
　「事業内容」を読んでみて（もしくは聞いてみて）、その企業が「何をする会社なのか」がはっきりとイメージできるでしょうか。
　イメージできれば、あなたにとって合う企業である可能性があります。

一方、聞こえのいいあいまいな言葉が並んでいたり、よくわからないカタカナ言葉が並んでいたりする場合は要注意です。
　それは多くの場合、「ごまかし」です。
「何をやるのか」をぼやけさせて明るいイメージのみを先行させ、いざ入社してもらったら目一杯働かせるという意図を持っているおそれがあります。
　あいまいな部分は会社説明会で質問をして、それでも具体的な答えが返ってこなかったり、返ってきた答えが自分の考えていることと合わない場合、その企業からは距離を置いて問題ありません。
　会社説明会での社長の説明や事業内容の文言がどの程度わかりやすく、どの程度理解できるかで、あなたにとって合う企業かそうでない企業かを見分けることができます。

気をつけたい「キーワード」

　また、会社説明会やパンフレットで登場したら気をつけたいキーワードが、いくつかあるので触れておきましょう。

①「成果主義」
　がんばればがんばるほど稼げて、出世もできるので、一見いいように感じますが、ウラを返せば「がんばるのが当たり前。どんどんがんばって働いてもらう社風です」ということです。
　過重労働の恐れが垣間見え、少し心配です。

②「夢」
　会社説明会で大きな夢を語って、「これを実現したいんだ」と豪語する社長は、一見ロマンがあるように見えますが、これもウラを返せば「入社したら、この夢の実現のために精一杯がんばってもらう」ということ

です。これも、注意したい言葉です。

③「ワークライフバランス」
「ワークライフバランス」とは、仕事をがんばることと人生を楽しむこととの調和がとれた生活のことをいいます。仕事に没頭するばかりでなく、家庭生活を充実させたり、地域とのコミュニティを楽しんだりしましょうということです。

とてもいいことを述べているようですが、実は「ワークライフバランス」が提唱しているのは「勤務時間を短くすること」そのものではなく、「生産性の高い働き方をして、長時間労働を減らし、自分の時間をつくること」です。

つまり、企業側が「ワークライフバランス」という言葉を持ち出すのは、「生産性高く、効率よく仕事をすれば自分の時間が持てますよ」、なので、「残業になった場合は、あなたの要領の悪さのせいです」といっているようなものなのです。

「ワークライフバランス」は働く人が自分で工夫をして整えるもので、企業が唱えるものではありません。

企業側から「ワークライフバランス」という言葉が出てきたら、慎重になったほうがよいでしょう。

これらは、もちろんすべての企業に当てはまるわけではありません。
ただ、ブラック企業である可能性は高いので、少しでも疑問がある場合は、事前に説明会等で聞くようにしましょう。

>> ブラック企業の見分け方

事業内容があいまいな企業に要注意!

事業内容例

「情報社会に独自の方法でソリューションを提供します」
「イノベーティブでアクティブな会社です」

聞こえのいい言葉やカタカナ言葉が多く、
内容があいまいで、結局、何をやる会社かわからない

そのほか、気をつけたいキーワード

成果主義

「がんばるのが当たり前。どんどんがんばって働いてほしい」

夢

「社長の夢の実現のために、精一杯がんばって働いてもらう」

ワークライフバランス

「残業が多くなってもそれは働く人の要領の悪さが原因」

などのメッセージの可能性アリ!

CHAPTER 3 まとめ

実際に受ける企業の選び方

「まだ見ぬ優良企業」は多い！

- 大手ナビサイトに掲載されている企業以外に、2万5000～2万8000社もの企業が新卒採用を行なっている
- 知っている企業の数が多ければ多いほど、あなたにピッタリの企業が見つかる可能性は UP！

具体的な「まだ見ぬ優良企業」の探し方

①テレビ番組から探す
②通っている学校から探す
③新聞・本・雑誌・フリーペーパーから探す
④中小ナビサイトから探す
⑤展示会から探す
⑥合同企業説明会から探す
⑦省庁が選ぶ企業から探す

自分に合った企業を探すために

- 口コミサイトやOB訪問で企業研究を深める
- ブラック企業を避ける
⇒「事業内容」でブラック企業を見抜く
⇒ 自分の軸をしっかり持つ
⇒「成果主義」「夢」「ワークライフバランス」などのキーワードに注意する

エントリーシートで
ライバルに大差をつける

CHAPTER 4

1 エントリーシートで「上位5％」に入れば圧倒的に有利

💡 エントリーシートは「順位付け」される

　就活の選考において最も重要なのは、エントリーシートです。
　エントリーシートで採用担当者の心をつかんでしまえば、そのあとの選考でライバルより圧倒的に優位に立つことができます。
　なぜなら、エントリーシートは、企業の人が読んだ時点で、1位から最下位まで順位付けされるからです。
　この時点で応募者の「上位5％」に入ると、企業から大きな期待を持って見てもらえ、そのあとの選考が有利になります。
　よくあるのが、最終面接までフリーパスというパターン。エントリーシートで「上位5％」に入っていると、面接で多少つまずいても、どんどん選考が進むなんてこともあります。
「ここで落とすのはもったいない。このあとの面接にも来てもらおう」と、なるのです。
　一方、エントリーシートで「下位10％」に入ってしまった人は、すでに1次面接で崖っぷちです。面接でかなりの大逆転をしなければ、内定をとるのは難しくなります。
　内定をとる人も落ちる人も、エントリーシートを書くのは同じです。せっかく書くのなら、「上位5％」の完成度の高いものを提出し、ライバルに大量リードをつけてしまいましょう。

💡 なぜ企業はエントリーシートを課すのか

企業がエントリーシートを課す理由は、単純に履歴書の情報だけでは不十分だからです。

履歴書には「自己PR」「志望動機」「学生時代にがんばったこと」「資格」といったような、決まりきった欄しか設けられていません。

その点、エントリーシートは、**企業側が「こういう人材が欲しい」と思う理想像を見つけるのに適した形、内容で、自由につくることができます。**

企業の未来を担う大切な人材を選ぶのですから、新入社員候補のことをできる限り知りたいと思うのは、当たり前のことです。

しかし、なかにはエントリーシートを課さない企業もあります。

そのほとんどが、学生の応募が少なく、「どんな学生でも採用したい」と考えている企業です。ありていにいえば「人手は必要だが、学生人気のない」企業ということです。

もちろん、超穴場の優良企業である可能性もありますが、現実は入社した人がどんどん辞めてしまうブラック企業である可能性が高いです。「エントリーシートを書かずにラッキー」などと思わずに、その企業に何か問題はないか、慎重に企業研究（82ページ参照）をすることをおすすめします。

この場合、実際に勤めたことがある人の情報を集めるのが有効です。

OB訪問をしたり転職サイトを見て、情報収集を積極的に行ないましょう。

2 エントリーシートの設問には「意図」がある

エントリーシートの「模範解答」を探れ

　エントリーシートには、企業が「こういう人材が欲しい」という理想の人材を獲得するための設問が書かれています。
　つまり、**エントリーシートには出題者の「意図」があり、欲しい「模範解答」がある**のです。
　設問に、「私こそが、御社が求めている人材です」という内容の回答を書くことができれば、あなたのエントリーシートは自ずと「上位5％」に入り、内定はぐっと近づきます。
　それでは実例を見ながら、「模範解答」をどう導き出せばいいのかを探っていきましょう。

企業がその年に求めている「職種」は何か

　エントリーシートの設問から知ることができることの1つに、企業がその年に求めている職種があります。
　ある年のNTTドコモの設問を見てみましょう。

・学生時代に夢中になったこと（400字）
・ドコモが成長し続けるために必要なこととその理由（400字）

　1つ目の設問のポイントは、「夢中になったこと」を聞いています。このように、設問の文中に「夢」が入っている場合、企業ははっきり

と「ある職種」に適した人材を求めています。

　文系理系問わず、一般的に夢中にならないといけないといわれている仕事は何でしょうか。あるいは、夢をいっぱい語る仕事は何でしょうか。

　そう、「営業」です。

　つまり、**「夢中になったこと」を聞いているこの年のNTTドコモは、「営業が欲しい」**ということがわかります。

　同じように、「あなたの夢を教えてください」と聞く会社も、営業が欲しいと考えていいでしょう。

　それでは、NTTドコモは具体的に、どんなタイプの営業が欲しいのでしょうか。これは2つ目の設問からわかります。

　「ドコモが成長し続けるために必要なこととその理由」

　この設問を踏まえて、NTTドコモを含めたスマートフォンのキャリア会社について考えてみる必要があります。

　NTTドコモ、ソフトバンク、KDDIなどなど、どの会社も、社内の優秀な人物が戦略を考え、戦術を落とし込んで、実行に移しています。

　しかし、企業がこの設問を設定した当時、どの会社もスマートフォンの事業に関しては戦略がネタ切れしていました。

　つまり、**この年のNTTドコモは、「新事業の企画能力」を持っている人を欲しがっていた**のです。

　新事業の企画能力をうかがわせるセンスを設問の回答で発揮することができれば、エントリーシートは上位で通るでしょう。

正しい企業研究ができているか

　続いて、自社の企業研究ができているかどうかを探っていることがわかる設問例を見てみましょう。

　ある年のコクヨのエントリーシートの設問です。

・どのような形でコクヨに貢献できるか？（200字）

　ここで大事なのは「どのような形で」という言葉です。
　コクヨの利益に貢献するためには、コクヨが何をして利益を出している企業なのかを正しくつかんでおかなければなりません。
　「どのような形でコクヨに貢献できるか？」という質問のウラには、「あなたはコクヨという企業をどのような会社としてとらえていますか？」というメッセージが込められているのです。

　コクヨは、一般的には文房具メーカーであるというイメージが浸透しています。しかし、**文房具メーカーととらえて貢献できる点を答えると、確実に落ちます。**「この学生は企業研究をしていない」と思われてしまうでしょう。
　なぜならコクヨは今、文房具だけではなく「オフィスのトータルソリューション」も提供しています。ソリューションとは、問題解決という意味で、オフィスのすべての問題を解決するために、オフィス設計や内装工事なども行なっているのです。
　これは、企業研究をすれば、すぐにわかることです。
　そのため、オフィスのトータルソリューションをする会社であるととらえて答えないと、エントリーシートは通りません。
　コクヨの設問を通しては、**これから受ける企業がどんな事業をしているのか、何を目指しているのかを把握し、その形に合った自身の考えを込めることが大切**だということがわかります。

💡「社風」についていけるか

　最後に、自社の「社風」についていけるかどうかを探っていることが

わかる設問例です。ある年の富士フィルムのエントリーシートの設問を見てみましょう。

・あなたは自分をどのように変えていきたいですか？　良いところと、改善したいところをふまえて、お書きください（400字）

　この質問では、富士フィルムという会社の歴史を考える必要があります。
　富士フィルムは、社名からもわかる通り、もともとカメラのフィルムをつくっていましたが、そのあとにデジカメ、現在は、フィルムづくりの技術を活かし、薬や化粧品をつくっています。
「フィルム」⇒「デジカメ」⇒「薬・化粧品」と、その時代に合わせて主力商品が変わった会社なのです。
　この歴史を踏まえて、設問の文章に戻りましょう。
「あなたは自分をどのように変えていきたいですか？」
　このウラにあるメッセージは、「当社はとても変化が激しいのですが、あなたはその変化に対応できますか？」です。
　このメッセージを読みとることができれば、企業の出題意図に合った「模範解答」をつくることができるでしょう。

　企業が欲している模範解答を書くためには、しっかり設問の文章を読んで、その文章に対する企業の背景を調べる作業、つまり出題の「意図」を探る作業を必ずしましょう。
　出題の「意図」を知ることができれば、「上位5％」に入ることは難しくありません。

3 企業が欲しい人材像は「企業サイト」「有価証券報告書」でつかむ

欲しい人物像については2つをチェック

前項では、企業がエントリーシートに込めた「意図」を汲みとろうというお話をしました。難しく感じた人もいるかもしれません。

そこで、この項目では、志望企業が求める人材像の探り方をご紹介します。

探り方には、下記の2つの方法があります。

① 「企業サイト」でつかむ
② 「有価証券報告書」でつかむ

それぞれについて見ていきましょう。

「企業サイト」でつかむ

今や新卒採用をしているほとんどの企業が、自社サイトを持っています。サイト内の「会社概要」には、欲しい人材像のヒントとなるさまざまな情報が載っています。

主に次のような内容です。

・創業者がどんな考えを持ってこの会社をつくったのか（＝企業理念）
・現在の社長がどんなことを考えているのか
・現役社員の声
・採用情報（新卒生へのメッセージ）

「創業者」「現在の社長」「現役社員」。この3つの立場の「考え」や「生の声」から、その企業がどんなことを大事にしているのかが見えてきます。

そして「採用情報」からは、入社希望者へのメッセージを受けとることができます。
　例として、江崎グリコのサイトを見てみましょう。

　江崎グリコは、企業理念に「おいしさと健康」を掲げるとともに、サイト内で「Glicoスピリット」として次のような文言を示しています。

> **創る・楽しむ・わくわくさせる**
>
> 創ることを精一杯楽しんで、
> 大胆に行動を起こしてみよう。
> 面白いこと　新しいこと
> 愉快なこと　素晴らしいこと
> 創意に満ちたチャレンジは、
> きっとぼくらを　わくわくさせる。
> もっとみんなを　わくわくせる。
>
> （江崎グリコHPより／2017年4月現在）

　このスピリットから、江崎グリコは業界のトップを目指すことはもちろんのこと、「アイデア勝負で面白いことをしよう」「新しいものを楽しみながら生み出そう」とも考えていることがうかがえます。
　また、「採用情報」のトップには、「おいしさと健康を世界へ」とあります。企業理念である「おいしさと健康」を、世界に向けて発信したり、日本を飛び出して活躍するグローバル精神のある人材が欲しいということがわかります。

💡 「有価証券報告書」でつかむ

　上場している企業は、自社サイトに有価証券報告書を載せています。この情報からも、企業が求めている人材を類推することができます。有価証券報告書は、IR情報内にあります。
　IR情報とは、インベスター・リレーションズ（Investor Relations）の頭文字で、投資家に向けて発表する経営状況や財務状況、業績動向に関する情報のことです。
　少し難しく感じるかもしれませんが、IR情報内の有価証券報告書で見る箇所は、2カ所だけです。

・**業績等の概要**

・**対処すべき課題**

　江崎グリコのサイトを例にお話しします。
　まずは「**企業・IR情報**」を見つけましょう。多くの企業の場合、サイトの上部、下部、もしくは右側か左側部分にあります。「企業情報」「会社情報」のなかに「IR情報」がある場合もあります。
　そのなかから「**有価証券報告書**」を探します。もし探せない場合は、検索欄で検索するとよいでしょう。
　「有価証券報告書」には目次があるので、そこから「業績等の概要」「対処すべき課題」を探してください。
　江崎グリコの「業績等の概要」部分を見ると、菓子部門、冷菓部門、食品部門など、部門別の業績が事細かに載っています。パンフレットには出てこない、生の業績情報です。
　これを踏まえて「対処すべき課題」のページに進んでみます。すると次の文言が冒頭に出てきます。

> 　世界的な規模で経営を取り巻く社会情勢や経済環境が目まぐるしく変化し、エネルギー資源や原材料価格も先高基調の中で、当社グループはそのような環境変化に柔軟に対応しながら、企業価値の向上に努めてまいります。
> 　中長期的な会社の成長のための重要な要素を、①強い商品カテゴリーの構築と健康関連事業の創出、②アジアを中心としたグローバル展開の推進、③グループ経営資源の結集による競争力強化とし、この３項目を基本的な考え方として当社グループの対処すべき課題に対する具体的な行動計画を推進してまいります。
>
> （江崎グリコ「有価証券報告書（平成28年３月期）」より）

　やはり企業サイトから得た情報と同じように、健康関連事業で「新しいものを生み出せる人」や、アジアを中心に「グローバルにものを見て、発信し、世界に飛び出していける人」を求めていることがわかります。

　これらをもとに、「私はこのような課題を解決できる人間です」ということをエントリーシートに書ければ、「上位５％」へ一気に近づきます。

　有価証券報告書全体のページ数は多いのですが、目次から「業績等の概要」と「対処すべき課題」を探し、この部分だけを読めば大丈夫です。

　有価証券報告書は、難しいことばかりが書いてあるようで、実は就活に有益で面白い情報がたくさん詰まっています。

4 「自己PR」には自分の「強み」で「貢献できる根拠」を書く

必ず結論から書こう

　エントリーシートの「自己PR」の欄は、自己分析で見つけた自分の「強み」について、**「強み」を得ることになった体験や、その「強み」があることを表すエピソードを交えて企業にアピールする場**です。

　次のフォーマットに沿って書くと、読みやすく、企業の採用担当者に伝わりやすい文章が書けます。

---

①結論
↓
②結論に至るまでのプロセス・エピソード
↓
③プロセス・エピソードで得られた成果
↓
④入社後に活躍しているイメージ

　結論から書かれていないエントリーシートは、ほとんどの場合、順位さえつかず、落とされるといってもいいでしょう。企業の採用担当者は、膨大な量のエントリーシートを読むので、パッと見て一瞬で結論がわからなければ、最後まで読んですらもらえません。

　まずは、「あなたがどんな強みを持つ人間なのか」（＝結論）から書きましょう。

💡 思考の道筋がわかるように書く

続いて、「私にはこんな強みがある」という結論を裏付けるエピソードと、それにより得られた成果を書きます。

ここが最も個性が出る部分です。

企業の採用担当者も最重要視しています。

ここで書かれたエピソードが、仕事のなかでしっかり活かせるものなのか、いいかえれば、**「再現性があるかどうか」を知るために**、「たまたまとった行動がうまくはまって、成果につながった」のか、「しっかりとした考え方にのっとって行動し、成果につながった」のかを見分けようとします。

採用担当者に、きちんとした考えを持っていたからこそ、「成果を挙げることができた」ということを伝えるためには、**エピソードに「こう考えて、このような行動をとった」というあなたの「思考」を込めなくてはなりません。**

これが、「入社後に活躍しているイメージ」につながります。

常に思考しながら行動している人は、パフォーマンスに再現性があるからです。

思考の道筋がわかるように自己PRを書くことで、入社後も常に考え、成長しながら、いずれ大きな成果を挙げてくれるだろうとイメージされ、内定がぐんと近づきます。

💡 「自己PR」に必ず盛り込むべきこと

「自己PR」に必ず盛り込まなければいけない要素は、**「貢献」**です。

「私の強みは、御社の利益にこのように貢献できます」という内容を必ず盛り込みましょう。

「貢献を盛り込む」という視点さえ持っていれば、「自己PR」の内容

はどんなものでも OK です。
「まだ働いてないから、本当に利益に貢献できるかわからない……」
「御社の利益に貢献できます！　なんて宣言するのは生意気じゃないかな……」

　などと考える必要はありません。入社できたら実際に、利益に貢献できるようがんばるわけですから、**自信を持っていいきることが大切です。**
　ただし、勢いだけではいけません。
「なぜ、利益に貢献できるのか」という「根拠」を、論理的に説明することが大切です。

💡「根拠」はどこで見つけるか

「御社の利益に貢献できる」といえる根拠は、企業が抱える「課題」のなかから見つけましょう。
　上場している企業ならば、有価証券報告書に「この会社は今、何を課題としているか」が赤裸々に載っています。
「御社の〇〇〇という課題を、私なら自身の△△△という強みを発揮して、解決できます」という論法で書くことで、大きな説得力を持たせることができます。
　実際、私は有価証券報告書から企業の課題を見つけ、その課題を解決する技術があることを強みとして書くことで、すんなりと内定をとりました。
　企業の課題はほかにも、「転職情報サイト」を見てもわかります。
　転職情報には、「このような技術を持った人材が欲しい」「このような経験を持った即戦力が欲しい」という企業の希望がわかりやすく書かれているからです。活用しない手はありません。
　受ける企業を決めたら、必ず見るようにしましょう。

>> 自己PRのつくり方

自己分析で見つけた
「強み」を裏付けるエピソードを探す

そのエピソードには
「再現性」があるかどうかをチェックする

自分の強みが、
企業の利益にどう「貢献」できるかを考える

貢献できるといえる「根拠」は、
企業の「課題」から見つける

「課題」は有価証券報告書や
転職情報サイトから見つける

5 「学生時代にがんばったこと」にはその経験をどのように活かせるかを書く

💡 企業に貢献できることが伝わるエピソードを書こう

「学生時代にがんばったこと」は、**学生時代にがんばったことが企業の利益に「貢献」できるかどうかを伝える場**です。

書き方は、自己PRのフォーマットと同じです。

①結論
　↓
②結論に至るまでのプロセス・エピソード
　↓
③プロセス・エピソードで得られた成果
　↓
④入社後に活躍しているイメージ

学生時代にがんばったことは、「サークル」「アルバイト」の面から組み立てる人が多いため、ここでは「サークル」「アルバイト」に絞って、それぞれ、何を、どのように書くのが効果的なのかをお話しします。

💡 サークルやアルバイトでの経験はどのように語るべきか？

がんばったことに関しては、企業は数字的なインパクトのある実績や華々しさを求めていません。**求めているのは、経験から得た「あなたにしかない学び」**です。

サークルで幹部をやっていてもいなくても、サークルの内容がテニスサークルでも、奇術同好会でも、さだまさし研究会でも、アルバイトで数字的なインパクトのある実績がなくても、大丈夫です。所属団体や実績の大きさによって評価が上がったり下がったりすることはありません。

大切なのは「そのサークルやアルバイトで何をしたか」「その経験から何を学んだか」「それをどう活かせるか」です。

自身の経験と、そこから学んだことを、「入社後に活躍しているイメージ」を想像してもらえるように書きましょう。

💡「新入生勧誘」と「文化祭での模擬店」は即落ちエピソード

ただし、サークルでの経験を書く場合、気をつけたいことがあります。ほぼ確実に、落とされるネタが2つあるからです。

それは「新入生勧誘」と「文化祭での模擬店」に関するものです。

「新入生勧誘」にまつわるエピソードは、より多くの新入生を獲得するために、このような取り組みをし、実際にこれだけの新入生を獲得した……というものですが、「またその話か」と思われる可能性が高いです。

多くの人に使われすぎているからです。

すでに同じエピソードを採用担当者はたくさん読んできました。避けたほうがよいでしょう。

「文化祭の模擬店」のエピソードも嫌われます。

「テニスサークルで文化祭に模擬店を出店し、お好み焼きの売り上げを昨年の2倍にした」などのようなエピソードが多いのですが、採用担当者からすると、「本来がんばるべきテニスはがんばっていないのか？」と思ってしまいます。

企業が聞きたいのは、お好み焼きを売ったエピソードではありません。

テニスをがんばったエピソードです。

　サークルの話をする場合は、そのサークルの中心活動にまつわるエピソードを語りましょう。

💡 学生時代、とくにたいしたことをしていない場合

「サークルもアルバイトもしていなかった」「とくにがんばったことがない」という人も、あきらめてはいけません。

　そんな人のための対策が、次の2つです。

対策①　今から「がんばったこと」をつくる

　長期休暇や連休中に参加できるボランティアはないでしょうか。ボランティアに行けば、必ずたくさんの人に会い、いろいろな経験をすることになります。

　それを「企業の利益への貢献」と結びつけられるように、「学生時代にがんばったこと」として組み立てるのです。

　打算的な参加の仕方ですが、内定をとるためには背に腹は代えられません。

　ボランティア中は「何をしたのか」「何を考えたのか」を逐一、記録しておきましょう。

　あるいは、今から参加できるインターンシップはないでしょうか。

　受ける企業と全然関係のない企業のインターンシップでもかまいません。実際、他業界のインターンシップ経験を書いて内定をとった人もいます。

　第1章でもお話ししましたが、「インターンシップで○○を学んで、視野が広がった。そのなかで御社を見つけた。インターンシップで△△をがんばったので、御社でも△△の面で貢献できます」と組み立てれば、

「インターンシップで学んだ結果、視野が広がり、御社を見つけた」ということになりますから、業種は関係ありません。

対策②これまでの経験から「何かないか」とひねり出す

「ボランティアに行く時間も、インターンシップに参加する時間もない」という人は、これまでの大学生活の経験から無理やり、企業の利益に結びつくものをひねり出すしかありません。

25ページにある「企業が求める強み」の表で挙げた語句を見て、それにまつわるエピソードをひねり出すのです。

がんばったことが1つもないということはありません。

必ず、あるはずです。まずは大学時代のこれまでの思い出をすべて書き出してみましょう。

例えば、「講義に一度も遅刻しないようがんばった」などでもよいのです。そのがんばった経験で入社後の活躍しているイメージをわかせることができれば、エピソード自体はインパクトが大きいものでなくてもかまいません。

それでは次のページから、「自己PR」「学生時代にがんばったこと」のさまざまな実例を見て、さらに詳しく学んでいきましょう。

自己PR・学生時代にがんばったこと①
「大学受験のエピソード」はNG

設問 これまであなたが困難に直面しながらも『成し遂げたこと』はなんですか。また困難を乗り越えるために何をしましたか。(400字／横浜銀行)

Before

　私が成し遂げたことは、浪人をして、志望校に入学できたことです。高校3年生のとき予備校に9時から22時まで滞在し、誰よりも長く勉強をしているつもりでした。しかし、大学受験に大失敗。すごく悔しく、あれだけ勉強したのに何故落ちたのかを必死に考えました。その結果、ただ講義を受けて、闇雲に同じところを繰り返し解いていたことに気づきました。そこで、講義の前の予習の時点で疑問点を最低3つ絞り出し、授業でその疑問点を確認、それでもわからないことは講義のあとに直接講師に聞きに行くようにしました。自習でも問題を解くときは目標時間を設定して、本番を意識するようにしました。実際に合格通知がきたとき、喜びと達成感でいっぱいになったことを覚えています。難しいことを成し遂げる時には、しっかり考えてから取り組むことが大事だと学びました。

添削ポイント

　大学受験のエピソードは企業から最も嫌われます。ほとんどの大学生が持っているエピソードだからです。

　みんなもがんばったことをこの欄でアピールするのは、不利です。エピソード自体を変えましょう。

　エントリーシートでは、大学入学～今までのエピソードを述べましょう。

　ちなみに、「資格をとった」というエピソードも、よほどのものでない限り、ウケがよくありません。多くの高校生がとれる資格などは触れないほうが無難でしょう。

After

　所属するミュージカル部で、バラバラになりかけた部を関東大会で優勝に導いたことです。1ヵ月という短い準備期間だったことから、時間の使い方をめぐって練習中、雰囲気が悪化しました。ダンスやセリフを練習する全員での時間と、道具係、衣装係、背景係など係ごとに集まる時間が必要で、うまく時間を使えず不満が出たのです。そこで私は、各係を手伝うことで、進捗状況や、**各作業に必要な時間を身をもって理解して、係の責任者とスケジュールを組むようにしました。**また、**明るく楽しい雰囲気を作るために、ダンスの練習時、人一倍声を出し、常に笑顔を心がけました。**大会が近づくにつれ全員が互いに助け合うようになり、優勝したいという言葉が飛び交うようになりました。部員全員が一丸となった瞬間でした。自分が率先して係間を繋ぐ役割を担ったこと、雰囲気を良くしたいという熱意が、部員全員の姿勢を変え、最終的には優勝を獲ることにも貢献できました。

　　　　　エピソードを全面的に変えたことにより、オリジナリティが出ました。みんなが何に不満を持っているのか、自らみんなの仕事を手伝って理解しようとする積極性・献身性も見ることができます。
　この学生にとって、実際に困難を乗り越えた体験として最も印象深いものは、Beforeの大学受験だったかもしれません。しかし、企業が知りたいのは困難のエピソードそのものではなく、何をどう考え、どのように困難を乗り越えたかについてです。自分の考えや困難を乗り越えた過程をしっかり伝えられないエピソードの場合は、躊躇せずに変えてしまいましょう。

※表記等一部を編集しておりますが、内容に変わりはありません。
※設問の文字数は、企業が設定したものです。

自己PR・学生時代にがんばったこと②
「当たり前すぎるエピソード」はNG

設問 学生時代に最も頑張ったこと、チャレンジしたことを具体的に教えてください。（300字以下／ヤクルト本社）

Before

　通常より1年以上早く始めた研究活動です。「目標を立て、それに向かって挑戦する行動力」を活かし、出場した学会にて最優秀賞を獲得しました。研究職に就き人々に光と笑顔を差し伸べられる薬を開発したいという思いから「誰よりも早く研究室に入り、大きな成果を出す」という目標を立てました。直接教授にお願いし、通常より1年以上早く研究を始めました。<u>毎朝7時半に研究室に行き、夜は日をまたぐことも多々ありました。</u>漠然と行うのではなく、論文や、教授・先輩方の意見を参考にして、日々実験方法を見直すことを大切にしました。その結果、賞を獲得でき、国際学会に出場して、様々な国の方と議論を交わすという、得難い経験をすることもできました。入社後も人々に光と笑顔を差し伸べられる薬の開発のため全力で努力し、貴社の医薬品開発に貢献していきます。

　学会で賞を獲得したことは、とても素晴らしいです。しかし、賞を獲得するまでのエピソードが、とても弱いです。研究は朝から深夜まで続くことが多いものです。結果を出すためには徹夜も当たり前です。オリジナリティがありません。
　研究で工夫したことなど、オリジナリティがある内容を述べましょう。
　また、文字数も大幅にオーバーしています。注意しましょう。

After

　通常より1年以上早く始めた研究活動です。研究職に就きたいという目標達成に向け「人より早く研究室に入り、大きな成果を出す」ことに挑戦しました。教授にお願いし3年次に研究を始め、朝から夜まで研究に没頭しました。**周りと同じ研究をしていても大きな成果は得られないと考え、足りない実験器具を自ら製作し、時には遠方の国立大学に赴き泊まり込みで研究するなど、研究に独自の付加価値をつけるよう努めました。**自分本位になることを避けるべく、教授や先輩方との議論を繰り返し、日々見直し改善していきました。その結果、出場した学会にて最優秀賞を獲得でき、目標に向かって挑戦と努力を重ねることで達成できるという自信を得ました。

　下線部分ですが、研究に対する独自の工夫ポイントが加わり、とてもよくなりました。
　研究や学業に関しては、賞を獲るほどのエピソードがある場合は、そこに達するまでのエピソードを織りまぜることで、あなたの人柄がより強く出ます。
　また、自ら「周りと同じ研究をしていても大きな成果は得られない」と考え行動した点から、入社後も仕事に対して自ら工夫を行なうであろうと感じられるのもよいです。

※表記等一部を編集しておりますが、内容に変わりはありません。
※設問の文字数は、企業が設定したものです。

自己PR・学生時代にがんばったこと③
会社の利益に貢献できることを具体的に書く

設問 コーセーにとって魅力的な「あなたのセールスポイント」を教えてください。（具体的な例を交えて説明してください。）（※文字数の指定なし／コーセー）

Before

「周囲を動かす力」が私にはあります。アルバイト先のスポーツジムでは、プログラム受講者数が低迷していました。スタッフアンケートから、私はお客様との「会話の少なさ」に気づきました。私はこの部分を改善することで、受講者増加に繋がると考えました。そこでまず、お客様目線に立つため実際にプログラムを受けました。するとお客様の緊張や不安を感じました。また積極的に話しかけ、会話からニーズを引き出すよう心がけました。これにより緊張もほぐれ、満足度の高いプログラムの提案ができました。お客様の「がんばろう」という想いを最大限活かせると考えたためです。そして周りに具体的な指示を送るために、これらのポイントを押さえたお客様対応マニュアルを作成しました。するとスタッフとお客様の距離がグッと近くなり、受講者数も30％以上あがりました。このことから、周囲を巻き込んで達成する力があると考えます。

ここで述べられている内容が、受ける会社のさらなる利益の獲得（お金を稼ぐこと）に対して、具体的にどのような形で貢献につながるのかがイメージしにくい文章です。

最後に入社後の姿をイメージさせる文章を加えたり、文章全体から「私は貴社の利益に貢献できる人です」ということをもっとわかりやすく、直接的に述べましょう。そのためには、企業が本当に欲している人物像を正確につかむ必要があります。

After

「昨日の自分を超え続ける」をモットーに、**何事にも強い向上心を持って取り組むことのできる**人間です。現在クレジットカード会社において督促業務を行なうコールセンターでアルバイトをしているのですが、始めた当初はお客様にお叱りを受け、電話を切られてしまうことが多く、マニュアル通りの対応で不安を感じさせていることを反省しました。私は、**「いくら正しいことを伝えているとしても、信頼関係なしに相手の心を動かすことはできない」**と考え、持ち前の向上心から、すべてのお客様に満足し、信頼していただける対応を目標に掲げました。同時期、他のコールセンターへ自ら電話をした際、その方が私の話を遮らずに聞いてくださり、安心感を覚えました。同時に、その方へ信頼を寄せました。この経験から、話を聞くことの重要性に気付き、先輩社員の接客内容を注意深く聞くなど傾聴力の強化に取り組みました。また、お怒りのお客様に対しては「謝罪2プラス感謝1」など独自のルールを決め、お客様が安心できる対応を心掛けました。その結果、また私に相談したいと仰ってくださるお客様ができるほど信頼関係を築くことができ、回収率も2倍に増えました。このように、**難しい環境のなかでも今やるべきことを自らの力で粘り強く考え抜き、成果に繋げることができる**と考えています。

総評

強みがとてもよくわかる文章になりました。「『いくら正しいことを伝えているとしても、信頼関係なしに相手の心を動かすことはできない』と考え」で、思考の道筋がはっきりわかります。また、最後の文章は、入社後にも利益をもたらすことができるであろうと予感させます。

※表記等一部を編集しておりますが、内容に変わりはありません。
※設問の文字数は、企業が設定したものです。

自己PR・学生時代にがんばったこと④
数字などで表せる実績がある場合には具体的に書く

設問 あなたが出した成果について（200字／アシックス）

Before

弱小チームだったソフトボール部を地区大会優勝に導き、<u>県内の常勝チームにしました。</u>入部直後、負けに慣れたチームを、勝つことでソフトボールを<u>楽しめるチームに変えたいと思いました。</u>勝つためにチームの現状を理解し、一体感を出すために1日の練習で1球しか使わず全員で練習に集中するなど練習法を変えました。結果、勝つだけでなくチーム内の雰囲気がよくなり、みんながソフトボールを好きになっていくことを実感しました。

あいまいな表現や無駄な言葉が多く、せっかくの成果と、その成果を挙げるためのプロセスがぼやけている印象があります。「常勝チーム」とは、どれくらいの勝率のチームなのでしょうか。赤の他人も納得できるような数字が欲しいところです。

成果が「勝つチームにした」ことなのか、「楽しむチームにしたことなのか」もよく見えてきません。結論で「常勝チームにしました」といっているからには、「勝つことでソフトボールを楽しみ続けるチームに変えたい」ではなく「勝つチームに変えたい」としたほうがシンプルですし、語感も強くなります。

After

　弱小チームだったソフトボール部を<u>地区大会３年連続優勝に導き、和歌山県で敵なしといわれるほどの常勝チーム</u>にしました。入部直後は負けることに慣れてしまっていたため**勝ち続けるチームに変えたい**と思いました。勝つためにチームの現状を理解し、一体感を出すために１日の練習で１球のみを使い全員で練習するなど練習法を変えました。結果、勝つだけでなく全員がソフトボールを好きになっていくことを実感できました。

　とてもよくなりました。
　Before の「県内の常勝チーム」より、「地区大会３年連続優勝」「和歌山県で敵なしといわれるほどの常勝チーム」といわれたほうが、読み手もイメージしやすくなります。
　数字などで表せる実績がある場合は、具体的に書くのがよいです。
　また、焦点を「勝ち」に絞ることで、論旨も明確になり、文章全体に強さが生まれています。
　200字という少ない文字数で印象に残るエピソードを書くとしたら、可能な限り、客観的に成果を語ったほうが、読む人に強い印象を与えることができます。

※表記等一部を編集しておりますが、内容に変わりはありません。
※設問の文字数は、企業が設定したものです。

6 「志望動機」には「その企業でこそ」できることを伝える

志望動機も「フォーマット」に沿って書こう

「志望動機」は、あなたの強みが「御社でこそ活かせる」と採用担当者に伝える場です。

「自己PR」「学生時代にがんばったこと」のように、志望動機にも、採用担当者が読みやすい文章に仕上がるフォーマットがあります。

①結論
　↓
②結論に至るまでのプロセス、エピソード
　↓
③企業とのマッチング（定年まで働くというアピール）

文字数の長短を問わず、この順で書けば、読みやすく、伝わりやすい志望動機になります。

「強い志望動機」をつくる5ステップ

エントリーシートで「上位5％」に入るには、ありふれたものではない、**あなただからこその強い志望動機をつくる必要があります。**

どうしてもその企業に入社したいという熱意と、その企業だからこそ自分の強みを活かせるということが、採用担当者にしっかり伝わる志望動機を考えましょう。

とはいえ、いざ、フォーマットに沿って志望動機を書こうと思っても、なかなか筆が進まないかもしれません。

そんな人のために、下記に「強い志望動機」をつくる５ステップの作業を用意しました。

これを行なえば、あなたの熱意と、あなたの強みが「御社でこそ活かせる」ことを伝えられる志望動機をつくることができます。

次のページで、５つのステップに沿ってつくった志望動機の例文を紹介します。

ぜひ参考にしてみてください。

>> 「強い志望動機」をつくる５ステップ

①その企業の強みは何ですか？

②その企業の強みを活かして、具体的に何がやりたいのですか？

③なぜ、それをしたいのですか？
　実体験やエピソードを交えて説明しましょう

④①〜③をまとめて、あなたがやりたいことをひと言でいうと何ですか？

⑤①〜④を左ページのフォーマットに沿ってまとめて、
　企業指定の字数　に合った志望動機をつくりましょう

>> 「強い志望動機」のつくり方

例

①商品やサービスが海外の人にも受け入れられていて、外国でも大きな信頼を得ていること。

②商品を提供する国をもっと増やしたい。

③大学2年生のときに行ったベトナムで、○○会社のマークを街中で見かけた。もともと外国に興味があり、いくつかの国に行ったことがあるが、ほかの国では○○会社の名前を聞いたことはなかった。住民たちは皆その会社の名前を知っていた。「とてもいい商品だ」「便利で助かっている」と口をそろえていっていて、そこで知り合った友人には、同じ日本人というだけで私が感謝された。そんな素晴らしい商品を、もっと多くの国、全世界に届けたいと思った。

④○○会社の商品を全世界の人に届けること。

⑤私は貴社の商品を、全世界の人に届けたいです。大学2年生のとき、私はベトナムでホームステイをしました。そこで貴社の商品をいたるところで目にしました。その商品が住民たちの生活を便利にしていることを知り、世界には貴社の商品を必要としている国、人がもっとあるのではないかと考えました。私はもともと外国や外国語に興味があり、TOEIC は 800 点、ベトナム語は日常会話レベルで話せます。今ある語学力をさらに伸ばし、世界中に貴社の商品を届ける役割を担いたいです。

💡 気をつけたい2つの注意点

志望動機を書く際、下記の2点に関しては、とくに注意しましょう。

・仕事の説明に終始してしまう
・お世辞に終始してしまう

仕事の説明に終始してしまうとは、**「御社は○○や△△をしています。そのなかでも私はこれをやりたいです」で終わってしまう**ことです。

企業研究をがんばった人ほど、このように書いてしまう傾向にあります。
結局、「なぜその企業に入りたいのか」がひと言も述べられていないので、企業側も、本当に自社を志望しているのか判断のしようがありません。

続いて、お世辞に終始してしまうことについてです。
「その企業に入りたい」という思いが強い人ほど、そうなってしまいやすいです。例えば、
「OB訪問で○○さんと話した。その○○さんがとても素晴らしい方だった。私も御社に入って、素晴らしい○○さんのようになりたい」
「御社はこの業界で世界シェアNO.1をとっている。世界シェアNO.1の企業で私も働きたいと思い志望した」
といった内容です。

素晴らしい社会人は世のなかに多くいますし、世界シェアNo.1の企業も日本に多くあります。

採用担当者としては、本当に自社を志望しているのか判断できません。「なぜそのなかで、その企業に入りたいのか」が明確に打ち出せていないからです。

💡「自分が働く会社」として考える

「本当に自社を志望しているのか」は、志望動機の肝になる部分なので、より具体的にお話しします。

某有名飲料企業は、新卒の採用を10人で募集したところ、1万1000人から応募がありました。競争率は1100倍です。

応募者の志望動機のほとんどは、端的にまとめると「この企業の主力商品が好き」といった内容に集約されます。

確かに受ける側からすれば、この企業の主力商品を愛しているのでしょう。しかしそれは「消費者」としての愛であり、「自分がこれから長く働く会社」として、なぜ志望しているのかの答えにはなっていません。

「消費者」として商品への愛をどんなに語っても、採用担当者には響かないということを覚えておきましょう。

応募してきた時点で好きなことはわかっています。

その上で、どのように貢献したいのか、そこを採用担当者は見るのです。

💡 自身の経験から「当事者意識」を出す

志望動機に絶対入れなければいけない要素は「当事者意識」です。「当事者意識」とは、自分が関係者であるという自覚のことで、あなたがその企業でなくてはならない理由を示さなくてはなりません。

「当事者意識」は、自身の具体的な経験やエピソードを入れることで、強く打ち出すことができます。

例えば、先ほどの某有名飲料企業を志望する場合。

「もともと病気がちだった祖母が、食生活を意識して変えることで少しずつ元気になっていきました。また、同じものを食べるようになった両

親や私も、風邪ひとつひかなくなり、健康には食生活が重要なのだと実感しました。この経験から、食品を通じて多くの方の健康に貢献したいと考えるようになり、心と体の健康に役立ちたいという貴社の考えに深く共感しました」

　このように、自身のエピソードを語るだけで、その企業に入社する必然性が強く表れます。

　あなた固有のエピソードなら、採用担当者も「そんなことないだろう」とは考えません。あなたにしかない経験が、志望動機と強く結びついていれば、採用担当者に響くのです。

　あなた自身の経験のなかに、その企業の志望動機と結びつきそうなものはないでしょうか。絶対にあるはずです。

　その経験を推すことで、少なくとも志望動機が原因で落ちることはなくなります。

　これからいくつか、志望動機の実例を紹介します。

　続けて、「自己PR」「学生時代に力を入れたこと」「志望動機」以外の設問の実例も掲載しました。

　Before・Afterに注目して読んでみてください。

志望動機①
「うちでなくてもいいのでは？」と思わせてはいけない

設問 野村證券でどのような「生き方」を実現したいか。（200字／野村證券）

Before

　プライベートバンキング業務を通じて、<u>多くのお客様と公私共に家族のような関係を築く社会人になりたいと考えます。</u>なぜなら、資産運用は市場の動向による面が大きいので、悪い影響が出た際にも正直に説明する必要があるためです。そのときも、訪問営業等の手段で乗り越え、投資の成功体験に繋げたいと存じます。資産を増やす過程をお客様と共に歩むことで、同時に私自身が資産形成をする際にも役立つ経験等を得られます。

　この内容では、採用担当者に「とくにうちの会社である必要はないのでは？」と思われてしまいます。ほかにも、プライベートバンキング業務を行なっている企業はたくさんあるからです。
　この問いで求められているのは、「野村證券でないと実現できない」社会人としての「生き方」です。
　野村證券で何を成し遂げたいのか。それはなぜか。そのことを通じて、どのような「生き方」を実現したいのか。
　これらの問いに答えられるようにしましょう。
　企業研究の成果をすべて出しましょう。

After

<u>私は貴社で「信頼」を何よりも大切にして生きていきたいです。</u>証券会社は、お客様の大切な財産をリスクにさらす可能性があるため、仕事の全てがお客様との信頼関係から始まると思います。私は飲食店でのアルバイトの経験から、人と信頼関係を築くには積極的に相手と触れ合い、意思疎通を図ることが大切であると学びました。自ら考え積極的に行動し、一人でも多くのお客様と真摯に向き合うことで、信頼される社会人になりたいです。

総評

「野村證券でなければいけない」という思いが伝わる文章になりました。

野村證券は「信頼」を大切にしています。

説明会等でこのことを知ることができれば、志望動機に盛り込むことができます。また、自身の経験が入っているのもよいです。

志望動機では、「御社でなければいけない」理由を、なぜそのように考えるようになったか、きっかけとなった自身のエピソードを入れて強く訴えましょう。

※表記等一部を編集しておりますが、内容に変わりはありません。
※設問の文字数は、企業が設定したものです。

志望動機②
「お世辞」のみを羅列しないように気をつける

設問 当行を志望した理由は？（400字／十六銀行）

Before

地域の方々に私の人生をもってして貢献していくのであれば、顧客視点で常に長期的なお客様の信頼を得続けるような様々な取り組みをなさっている貴行の環境のもとで行いたいと思い、志望しました。一番の資本金を有する東海地区のリーディングバンクとして、今に至るまで積み上げてきた歴史、実績、そして多くのお客様からの信頼を、私だけにしかできないサービスで将来につなげていきたいと思っています。そして、留学やボランティア活動、多種多様なアルバイトを経験した私の挑戦心や実行力は、貴行に貢献できる強みであり、物事に対する追求心は貴行においてこそ活かすことができる強みであります。受け継がれてきた精神のもと、新たに愛知県へと進出する貴行の環境の中で、「お客様のため」を自分の振る舞いや言動一つ一つでより実感していただけるよう、常に挑戦し続け、地域の方々にまた会いに来たい、話しに来たいと思っていただける銀行員を目指します。

添削ポイント

冒頭の2文は、十六銀行のお世辞を述べているに過ぎません。
また、前半部分は、事実が羅列されているだけに過ぎず、採用担当者に全く刺さらない内容です。「私だけにしかできないサービス」も抽象的すぎます。それは何でしょうか。
採用担当者が読みたいのは、自社へのお世辞ではなく、「十六銀行でないといけない理由」です。自身のエピソードを用いて論理的にわかりやすく述べましょう。

After

　私は、「**自分の知識や経験をもってお客様の人生を支えることができる**」ということと、「**お客様にとって身近で頼れる存在になれる**」という2点の理由から銀行を志望しています。**特に貴行では、地域性や時代を考慮した取り組みを行っており、銀行員やお客様の要望をその都度、形に変えていく動きが強いということを、インターンシップでの経験や質問をした際に答えてくださった貴行の方々のお話から感じました。**そのような貴行の環境において、留学やボランティア活動、多種多様なアルバイト経験など、私の強みである挑戦心や実行力、物事に対する追求心を、存分に活かすことができると思いました。受け継がれてきた精神のもと、新たに愛知県へと進出する貴行の環境の中で、「お客様のため」を自分の振る舞いや言動一つ一つでより実感していただけるよう、常に挑戦し続け、地域の方々にまた会いに来たい、話しに来たいと思っていただける銀行員になります。

総評
　志望度の強さが伝わるようになりました。十六銀行でなくてはならない理由も伝わります。
　エントリーシートで落ちる理由の95%が、志望理由の大半を「お世辞」で埋めてしまっているというものです。「お客さま」や「消費者」の立ち位置でエントリーシートを書くと、お世辞になりやすくなります。
　あなたは「お客さま」ではなく「新入社員候補」です。「その会社で実際に働く」という意識で志望動機を組み立てていくと、文章に当事者意識が出て、熱いものになります。

※表記等一部を編集しておりますが、内容に変わりはありません。
※設問の文字数は、企業が設定したものです。

エントリーシート実例

志望動機③
あいまいな表現は極力減らす

設問 あなたが横浜銀行で実現したいことはなんですか？ またそこにあなた自身のこれまでの経験や強みをどのように活かせますか。（400字／横浜銀行）

Before

　地域に密着しながら、多くの人の生活を支え続けていきたいと考えております。私は、靴の販売のアルバイトを通じて、お客様の満足に貢献できたとき、大きなやりがいを感じることに気づきました。アルバイトの接客では、幅広い年齢層に対して、一人一人に合った靴を提案することを心がけてきました。そのために、それぞれの靴の特徴をネットで調べたり、社員の方に聞いて、靴の魅力、知識を増やしていきました。その知識を活かし、会話から、お客様が何を求めているのか考え、最適な商品を提案するようにしました。お客様から言われたありがとうの言葉は、さらに邁進していこうと思う原点となっております。貴行であれば、個人、法人と幅広いお客様それぞれに合った、解決策やサービスを提供できると考えました。地域に根ざしたノウハウを活かし、お客様に信頼され続ける存在として貴行に貢献します。

添削ポイント

「地域に密着しながら、多くの人の生活を支え続けていきたい」とありますが、具体的にどんな人たちを支えたいのかが、いまいち見えてきません。
銀行である必要性も、横浜銀行でなくてはならない理由も感じません。
あいまいにせず、自身の具体的なエピソードを交えて、きちんと述べましょう。

After

　私は、**生まれ育った神奈川に密着しながら、お客様に寄り添い、経済の面から支え続けたいです。**私は、靴の販売のアルバイトをしています。一人一人に合った靴を提案するために、ネットで調べたり、社員の方に聞いて、靴の特徴、知識を増やすことによって、お客様一人一人に合った靴を提案できるようになりました。お客様から言われたありがとうの言葉は、やりがいとなっただけでなく、お客様のためにさらに邁進していこうと思う原点となっております。**説明会で、金融の知識はもちろん、取引先の業界の市場、経済を知ることが大切で、50あれば50通りの提案の仕方があることを知りました。自分自身の努力がお客様の満足に直結することで、さらに飛躍できると思い、そこに魅力を感じております。**また、人口の増加と産業構造が大きく変化している、ポテンシャルの高い神奈川県で、地域に根ざしたノウハウを活かし、お客様に信頼され続ける存在として貴行に貢献します。

　「生まれ育った神奈川」で、「経済の面から支え続けたい」という言葉を入れたことで、あいまいさがなくなり、目的意識が強く出るようになりました。
　また、その目的意識を得たきっかけが説明会だと伝えることで、「あなたの会社でなければいけない」というメッセージも出すことができています。

※表記等一部を編集しておりますが、内容に変わりはありません。
※設問の文字数は、企業が設定したものです。

志望動機④
「ただのファン」ではいけない

設問 あなたは、オリエンタルランドのどのようなところに魅力を感じていますか？（50字／オリエンタルランド）

Before

<u>ディズニーリゾートを運営しているところです。ディズニーの世界観を絶対に裏切らないパークが大好きです。</u>

　これではディズニーが好きなことしか伝わりません。オリエンタルランドを受けた人のほとんどが、このような志望動機を書いて落とされています。

　この設問は、「50字」という文字数がキーポイントです。

　オリエンタルランドは毎年人気が高く、膨大な数のエントリーシートが届きます。すべてのエントリーシートを読むのは大変なため、届いたエントリーシートを、ただディズニーが好きなミーハーな応募者か、本当にオリエンタルランドを志望している優秀な人かに、一瞬で振り分けるための設問なのです。

　この「50字」に企業研究の成果を出さないと、勝ち残ることはできません。ディズニーランドやディズニーシーだけでなく「オリエンタルランド」全体の魅力を表現しましょう。

After
社員一人一人が高い志を持ち、「夢、感動、喜び、やすらぎ」を提供するために努力や苦労を惜しまない点。

総評

「社員一人一人が高い志を持ち」という点から、OB訪問を重ねたことが推察されます。面接で詳しい話を聞いてみたいなと思わせることができています。

また、オリエンタルランドの企業使命である「『夢、感動、喜び、やすらぎ』を提供するために」という点も、企業研究をしなければ書くことができないものです。いいアピールになっています。

添削ポイントで「50字」という文字数がキーポイントとお伝えしましたが、設問の文字数にはそれぞれ意味があるので覚えておきましょう。
- 「200字以下」→簡潔に、伝えたいことを、インパクトを与えながらきちんと伝える能力があるか。
- 「400字以下」→論理的に話をまとめる能力があるかどうか。結論に至るまでの過程がわかりやすいかどうか。
- 「401字以上」→あなたの人間性がどうか。

とくに401字以上というのは原稿用紙1枚以上ということ。エピソードや考えを書ける量が多いからこそ、あなたという人間をしっかり知りたいと企業は考えています。

※表記等一部を編集しておりますが、内容に変わりはありません。
※設問の文字数は、企業が設定したものです。

志望動機⑤
企業は個人の夢を叶える場所ではない

設問 志望理由とやりたい仕事は何ですか（400字／トヨタ自動車）

Before

　<u>夢はクルマづくりを通して、世界の人々を笑顔にすることです</u>。私にとって車は、生活リズムが異なる家族が時間と空間を笑顔で共有できる、第2の家のような存在です。そのような車を作る側になって、笑顔を多くのお客様に届けたいと考えています。<u>貴社は初めて燃料電池車を市販し、2019年の量産化など世界をリードしており、その飽くなき挑戦力に共感しています。貴社の方との懇親会では、「もっといいクルマ」へと一丸となって取り組まれる姿勢</u>に触れ、貴社の一員となって技術開発に挑み続けることで、<u>夢を実現できると感じました</u>。私は、化学の知識を活かして、車の性能を向上させる材料開発に取り組みたいです。研究で培った知見を応用して、材料の小型・軽量化を促進し、環境保全、燃費向上などに繋げたいです。また、触媒に使われている白金の使用量削減にも貢献できればと考えています。私が携わった車が普及することで人々の幸せに繋がる仕事がしたいです。

添削ポイント

　「夢はクルマづくりを通して、世界の人々を笑顔にすることです」「夢を実現できると感じました」とありますが、企業は夢を実現する場ではありません。利益を追求する場です。
　この内容ですと「夢が実現したら、すぐに辞めるのだろう」と企業の方は判断します。辞める可能性がある人を企業は採用しません。「貴社は～姿勢」部分は、企業へのお世辞です。削除しましょう。また、この会社でないといけない理由が述べられていません。自身の具体的なエピソードを交えて、きちんと述べましょう。

After

　小型・軽量化を達成しつつ世界トップレベルの発電性能を備えている、貴社の圧倒的な技術力に感銘を受けたためです。**私は、デバイスの小型化の研究をしているため、貴社開発のFCスタックに大変関心を持ちました。**私にとって車は、遠方の祖父母宅を繋ぎ、車内では生活リズムが異なる家族が同じ時間を濃密に共有できる、まさに人と人を繋ぐ移動空間です。「第2の家」のようなクルマが未来も走り続けるためには、**低炭素社会実現を目指す燃料電池車の普及が不可欠であり、開発に携わりたいと考えています。**貴社が高い技術力を生み出せるのは、研究開発に注力しているのと同時に、「エンジニアは宝である」と、研究者を大切にする開発環境を有しているからだと思います。私は研究で培った視点を取り入れ、内部の触媒を分子化させることで更なる可能性を上げ、汎用性を高めていき、燃料電池車をスタンダードなものにしたいです。

総評

　「私は、デバイスの小型化の研究をしているため、貴社開発のFCスタックに大変関心を持ちました」と伝えている部分から、なぜトヨタ自動車でなくてはいけないかが、よくわかるようになりました。
　また、開発に携わりたいという理由もしっかり込められています。
　Beforeと比較して読むと、企業へのお世辞が消えて自身の考えがきちんと述べられていることから、Afterのほうが断然、強い志望動機になっていることがわかります。

※表記等一部を編集しておりますが、内容に変わりはありません。
※設問の文字数は、企業が設定したものです。

そのほか①
サイトに書いてあることをそのまま述べてはいけない

設問 採用ホームページ内にあるコンテンツ「従業員を知る（総合職）」の6名分を、すべて読んだ感想を教えてください。（500字／オリエンタルランド）

Before

「お客様にハピネスを提供する」という目標を持って、様々な部署で、たくさんの方々が仕事をされていることがよくわかりました。また、その目標を達成するために、たくさんの努力をされていることもわかりました。新聞やニュースをチェックし時には自ら担当エリアに出向くなどして情報を収集、業務を遂行するために必要なマーケティングや簿記の勉強、お客様はもちろん他部署の方や取引先の方などたくさんの人と関わり巻き込んでいく。これらすべて「相手の立場に立って考える」ということに関係していると思います。仕事は一人で行っているものではありません。お客様と、ともに仕事をする仲間がいて初めて成り立ちます。お客様を含め、関わる人たちそれぞれの立場に立って考え、最適な方法を見つけて実行することが大切だと思いました。「相手の立場に立って考える」というこの思いやりが「お客様にハピネスを提供する」ことにつながっていると思います。

　確かに採用ホームページ内のコンテンツについての質問ですが、これではそのコンテンツをコピー＆ペーストしてつぎはぎしただけに過ぎません。サイトに書いてあることを改めて書く必要はありません。それを読んであなたが何を感じたか、感想に重点を置きましょう。

　また、「思います」の多用は避けましょう。断言したほうが、考えがしっかりあるという強い印象を与えられます。

After

　貴社の社員全員が、自分たちに求められていることをしっかり理解した上で、**企業使命を全うし利益を生み出し続けるために取り組んでいる**ことがわかりました。私も、自分に求められていることを理解して、使命を全うするために取り組んでいたことがあります。それは、**動物愛護の会に所属し、会が保護している猫を自宅で預かるボランティアです。動物が好きで、かわいそうな動物たちを救いたいという思いから入会しました。毎日ごはんを与え、トイレ掃除などをしなければ猫たちは生きていけません。母親のような存在でいることが求められました。また、一日でも早く里親を見つけてあげることが使命でした。自分が猫たちに何を求められているのかをしっかり理解して、里親を見つけるという使命を果たすために日々取り組みました。**使命を全うするためには、毎日コツコツ努力を続け、簡単に諦めてはいけないと学びました。様々な部署、様々な役割において、この経験を活かして貴社に貢献します。

総評

　Before の下線部のような採用ホームページ内にある言葉そのままではなく、その内容を「企業使命を全うし利益を生み出し続けるために取り組んでいる」といいかえている点が評価できます。
　使命に関して、自身のエピソードを入れているのもよいです。
　自身の強みを社会人になっても活かしてくれそうだという期待感を伝えることができています。

※表記等一部を編集しておりますが、内容に変わりはありません。
※設問の文字数は、企業が設定したものです。

そのほか②
「関心を持っているニュース」は、志望業界のものを

設問 最近（3ヶ月以内）関心を持っている出来事、ニュースについて、関心を持っている理由を記入してください。（400字以内／野村證券）

Before

　私は、<u>東洋ゴム工業の免震ゴム性能偽装問題に関心を持ちました。</u>なぜなら、私がこれから社会人になるにあたって一番大切にしたいと考えている、「信頼」に関するニュースだったからです。免震ゴムは生命に関わるもので、性能偽装したまま使うと取り返しのつかないことになります。数人の社員が目先の利益に囚われて過ちを犯したせいで、東洋ゴム工業という看板に傷がつきました。そして多くの人が長い時間と熱い思いを込めて築いてきた信頼が一瞬にして失われました。私は将来社会人として、命と同様に大切なお客様の財産を、「信頼」の下で扱っているという責任を重く感じながら働かなければならないと感じるニュースでした。私は、貴社に入社したら、野村證券の看板を背負っているという自覚をしっかり持ちながら働きたいです。目先の利益に囚われることなく、お客様の長期的な利益を考えられる社会人になりたいと考えています。

　関心を持っているニュースに関しては、志望業界以外のことを書くと落とされる確率が高まります。
　この設問は、当事者意識を持って金融業界を志望しているかが試されています。金融業界の出来事やニュースを選び、意見を述べましょう。

After

　個人向け投資信託の残高が100兆円の大台を超えたというニュースに関心を持ちました。なぜなら、貴社に入社後、投資信託の販売に携わる機会が多いと考えたためです。**大学で私は日本経済史専門のゼミに所属しています。その中で、社会はお金の循環が良いか悪いかで明るくも暗くもなることに気付き、金融業に関心を持ちました。**現在、少子高齢化社会が到来し、経済が縮小しています。経済を活性化させるためには、1700兆円ある個人金融資産を投資へ回す必要があると考えました。この考えから証券業を志望しています。**中でも貴社は最大の顧客基盤があるため、投資主導の社会を実現する役割を一番果たせると感じました。**今回の投信のニュースは、株高やNISA、ラップ口座の影響が大きいと報じられましたが、私自身も投資主導の社会へ少しずつ前進していると感じています。**今後は顧客へ定期的に助言し、預かり資産を増加させることが重要だと考えます。**

総評

　金融業界のニュースを深く考察していることが読みとれる文章です。ゼミの内容とからめながら、さりげなく金融業界、そしてその業界でトップを走る野村證券を志望する動機に結びつけている点も好印象です。
　また、今後のことについてまで述べていることで、当時者意識もしっかり出ており、とてもよいです。

※表記等一部を編集しておりますが、内容に変わりはありません。
※設問の文字数は、企業が設定したものです。

7 エントリーシートは早く取り寄せ　締め切りの3日前までに提出を

💡 エントリーシートは早めに取り寄せる

「上位5％」に入るためには、設問にただ答えるだけではなく、そのウラにある「意図」を読みとらなくてはいけません。

そのためには、エントリーシート入手後に、出されている設問と照らし合わせて、もう一度企業研究をし直す必要も出てくるでしょう。

つまり、**1枚のエントリーシートを書き上げるには、相当な時間がかかる**のです。

1日も早く取り寄せましょう。

💡 締め切り直前に届いたエントリーシートは読まれない可能性大

エントリーシートは、締め切りの3日前までに提出しましょう。「提出」とは、採用担当者のデスクの上に到着している状態です。

郵便の場合は、締め切り日の5日前までにポストに投函します。遠方の会社を受ける場合は、念のため10日前までに投函したいところです。

なぜ、「締め切り3日前まで」がいいのでしょうか。

締め切りまで残り3日を切ると、大量のエントリーシートが企業に届きます。私は仕事柄、締め切り直前にエントリーシートが郵送で届く瞬間に立ち会うことがよくあるのですが、その量にいつもびっくりします。

どんな大企業でも、新卒採用の担当者は5人もいればいいほうです。従業員が2000人を超える大企業でさえ、新卒採用の専任者が1人というところもあります。少人数で、説明会や面接のセッティング、エント

リーシートの審査、学校への勧誘活動などのすべてを行なっているのです。

　とくに大手企業では、選考期間を設けているとはいえ、締め切り3日前から到着し始める膨大な数のエントリーシートを、現実的に採用担当者はすべて見ることができません。

　そのため、**見ずに落とす事態が起きています。**

　結果として選考は、締め切り3日前までに届いたエントリーシートのなかから行なわれます。

　すべての企業がそうだとはいい切れませんが、実際にそのような企業が存在しているため、少なくとも提出期限の3日前までに到着しているように必ず提出しましょう。

>> 締め切り直前に届いたエントリーシートは読まれない！

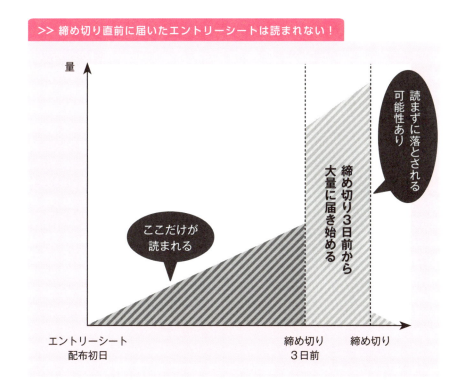

8 エントリーシートには「NGワード」がある

「特定の言葉」を含むエントリーシートが排除される!?

　エントリーシートの提出方法は2種類あります。
「郵送」か、「Web」かです。
　現在、Webによる出願を採用している企業は50％以上にのぼります。封筒や切手、送り状などの準備物がなく、すぐに応募できるため、就活生には好まれるWeb出願ですが、このWebで提出するエントリーシートには、ある驚きのカラクリがあります。
　それは、**特定の言葉が入っているエントリーシートを、自動的に排除してしまう**のです。

企業側は「極力、エントリーシートを読みたくない」と考えている

　そもそも、Webを使う方法では、どのようなプロセスを経て、企業の採用担当者に届くのでしょうか。
　あなたがWeb上で、企業のエントリーシートに入力し、送信すると、送信されたエントリーシートは、いったんサーバーに保存されます（例えばナビサイトからエントリーした場合は、そのナビサイトのサーバーに保存されます）。
　サーバーには、サーバーを動かすためのソフトがあるのですが、このソフトを通して初めて、採用担当者はあなたのエントリーシートを見ることができます。
　実はこのソフトが、NGワードが入っているエントリーシートを排除

してしまうのです。

　もちろん、ソフトが勝手に排除しているわけではありません。このNGワードは、企業が設定しています。

　NGワードを設定する理由は、膨大な量のエントリーシートを減らすためです。極力、エントリーシートを読みたくない企業の要望から、行なわれています。

　信じられないかもしれませんが、このようなことが就活の現場で、現実に起きているのです。

　このことを知っているのと知らないのとでは、エントリーシート選考突破において、大きな差が出ます。

>> Webで提出するエントリーシートには「カラクリ」がある

エントリーシート送信 → サーバー（ソフト）→ 採用担当者

↓

採用担当者が設定した「NGワード」を含むエントリーシートをこのソフトが排除する

💡 エントリーシート作成には「国語辞典」「類語辞典」が必須

　NGワードは、すべての企業が設定しているとはいい切れませんが、注意するに越したことはありません。
　では、どのような単語がソフトに設定されやすいのでしょうか。
　NGワードに設定されやすい単語を、いくつか右ページに挙げました。
　企業によってそれぞれ考え方がちがうため、右ページに挙げた単語が入ったエントリーシートが、すべて排除されるというわけではありません。
　しかし、落とされやすい単語ではあるため、使わないほうが無難です。

　「これらの単語を使えないのなら、コミュニケーションや責任、チームワークにまつわるエピソードを書けなくなってしまう」と思うかもしれませんが、そんなことはありません。
　「コミュニケーション」という単語を使わずに、コミュニケーションにまつわるエピソードを、「チームワーク」という単語を使わずに、チームワークに関するエピソードを書けばいいのです。
　そのために必要なのが「国語辞典」と「類語辞典」です。言葉の意味をたどったり、置きかえたりして、ここに挙げたNGワードを使わずに文章をつくりましょう。
　NGワードの代わりとなる単語を探す以外にも、理解があやふやな言葉の意味を調べられたり、同じ単語ばかりが羅列してしまうときに類語を調べられるなど、何かと便利です。
　エントリーシート作成の際は、「国語辞典」「類語辞典」を準備しておきましょう。

>> 「NGワード」に設定されやすい単語

- コミュニケーション
- 責任
- 成功
- チームワーク
- 協調
- 行動
- 成長

※そのほか、公序良俗に反するもの

これらの言葉を使わずに
エントリーシートを作成するためには、
「国語辞典」と「類語辞典」が必須

9 面接を想定して、欲張らずに1つのことを述べる

エントリーシートには「一貫性」を持たせる

　エントリーシートでは設問がいくつか設けられますが、それぞれで全く違うことを述べると、軸のない人間だと思われてしまいかねません。
　答えには一貫性を持たせ、軸がぶれないようにすることが大切です。
　一貫性を出す最も簡単な方法は、取り上げるエピソードを1つに絞ることです。

　例えば、「アルバイトをがんばった」というエピソードがあるとします。この場合は、エントリーシートのすべての設問に「アルバイトをがんばった」というエピソードを入れるのです。
　すると企業の採用担当者も「この学生はアルバイトをがんばって、そこから強みを身につけたり、うちを志望しようとしたきっかけを得たんだな」と考え、面接でも「アルバイトをがんばった」話だけをすればよいことになります。面接の戦略も立てやすくなります。
　もちろん、「サークルをがんばった」場合でも、「留学をがんばった」場合でも、「ボランティアをがんばった」場合でも同じです。

　円柱を想像すればわかりやすいでしょう。
　円柱は、真上から見ると「丸」に見えますが、真横から見ると「四角」に見えます。
　エピソードも同じです。**エピソードが1つしかなくても、見せる角度を変えれば、見え方は大きく変わります。**

上から見ると自己PR・学生時代にがんばったこととなり、横から見ると志望動機となります。
　このように組み立てると一貫性が出ます。
　エピソードが1つしかなくても、この考え方を持っていれば、どんな設問にも十分に対応することができるでしょう。

>> エピソードは1つに絞り多くの角度から見る

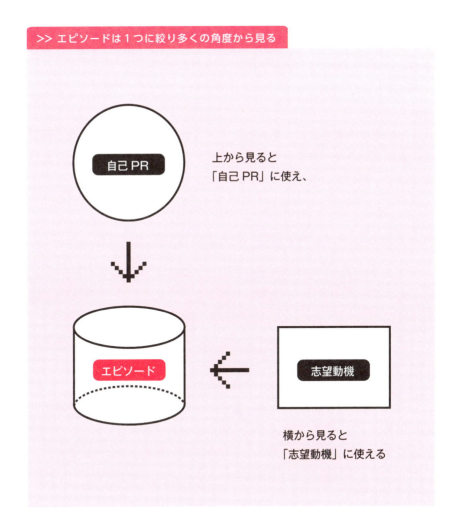

💡 エピソードが多い場合は「思考」で一貫性を持たせる

　エピソードをたくさん持っていて、かつ、社会人から見ても「おお、すごいな」と思わせる実績をたくさん持っている人は、あえて1つのエピソードに絞る必要はありません。むしろ、積極的に複数のエピソードを盛り込みましょう。

　しかし、すべてのエピソードを披露しようとして、結局、話の軸がブレてしまうことがあります。そのため、エピソードが2つ以上ある場合でも、やはり一貫性を持たせるのがよいでしょう。

　その方法は、先ほどエピソードに見立てた円柱を、「思考」と考えてみるのです。

「1つの考え方をもとに、あれもして、これもした」と、軸となる思考で一貫性を持たせ、さまざまなエピソードを披露すれば、散漫な印象はなくなり、強いエントリーシートができ上がります。

💡 エントリーシートを作成したら必ず最終チェックを

　エントリーシートの作成方法は以上です。

　なお、エントリーシートを作成し終えたら、必ずシートの精読をしましょう。

　パソコン上で作成した場合は、プリントアウトして読むことをおすすめします。

　パソコン上よりも紙のほうが間違いに気づきやすいためです。

　156〜157ページに、エントリーシート最終チェック表を掲載しました。エントリーシート作成後に、照らし合わせてみましょう。

　この章でお話ししたことをしっかり実践して作成すれば、あなたのエントリーシートは必ず「上位5％」に入ることができます。

>> **エピソードが多い場合は「思考（軸）」で一貫性を持たせる**

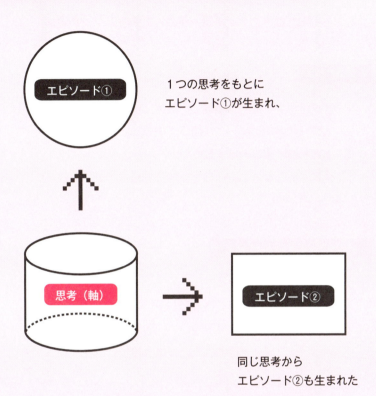

1つの思考をもとに
エピソード①が生まれ、

同じ思考から
エピソード②も生まれた

という流れをつくる

>> エントリーシート最終チェック表

エントリーシートが完成したら、チェックしてみよう！

自己PR

- ☐ アピールポイント（結論）を最初に書いているか
- ☐ 大学時代のエピソードを語っているか
- ☐ 当たり前すぎる内容ではないか
- ☐ 企業への「貢献」に結びついているか

学生時代にがんばったこと

- ☐ 結論を先に書いているか
- ☐ 新入生勧誘、模擬店の話を出していないか
- ☐ 企業への「貢献」に結びついているか
- ☐ オリジナリティ（ほかの人とは違う表現）が表れているか

志望動機

- ☐ 結論を先に書いているか
- ☐ 企業や仕事内容の説明になっていないか
- ☐ ただのお世辞になっていないか
- ☐ その企業の商品やサービスを好きだということに終始していないか

>> エントリーシート最終チェック表

エントリーシート全体

- ☐ 誤字・脱字がないか
- ☐ NGワードを使っていないか
- ☐ 「私」という単語を多用していないか
- ☐ 口語表現、タメ口になっていないか
- ☐ 「思います」などのような、あいまいな表現をしていないか
- ☐ 「〜である」「ですます調」が混在していないか
- ☐ 1文あたりの文字数が多く、読みづらくないか
  （1文40字くらいが適切）
- ☐ 「また」「なぜなら」「しかし」「そして」などの接続詞・接続助詞を使いすぎていないか
- ☐ 「自分なり」「いろいろ」など、自分のなかで完結している表現を使っていないか
- ☐ 研究内容やゼミの内容などの専門用語を使っていないか
- ☐ マイナスなこと、ネガティブなことを書いていないか

**すべての☐にチェックができればOK！
1つでもできない場合は、エントリーシートを
修正しよう！**

CHAPTER
4
まとめ

エントリーシートでライバルに大差をつける

エントリーシートで上位5％を目指そう

・エントリーシートは「順位付け」される
・上位5％に入ると、そのあとの選考で圧倒的に有利に
・最終面接までフリーパスというパターンも
・下位10％に入ってしまうと、1次面接で崖っぷち

上位5％に入るエントリーシートをつくろう

・エントリーシートの設問の「意図」を探る
・欲しい人材像は「企業サイト」「有価証券報告書」でつかむ
・「自己PR」には自分の「強み」で「貢献できる根拠」を書く
・「学生時代にがんばったこと」にはその経験がどう活かせるかを書く
・「志望動機」には「その企業でこそ」できることを伝える

エントリーシート選考で注意すべきこと

・エントリーシートは必ず締め切りの3日前までに提出する
・NGワードを使わない
・エントリーシートには一貫性を持たせる
・エントリーシートが完成したら、必ず最終チェックをする

面接は「減点」を防いで突破する

CHAPTER 5

1 面接官は「ここ」を見る

> 💡 **エントリーシートで築いた「リード」を維持してゴールする**

　いよいよ就活の最終段階、面接です。

　だれもが緊張する面接ですが、何も恐れることはありません。本書のメソッドに従ってエントリーシートを書いたあなたは、すでにほかの候補者に大きなリードをとっています。

　エントリーシートで築いたリードを保ったまま、大きな「減点」を防ぎさえすれば大丈夫です。

　そもそも、企業はなぜあなたと「面接」をするのでしょうか。職務に必要な能力や考え方を知りたいのであれば、エントリーシートで設問を投げかけ、その答えを見るだけでいいでしょう。

　しかし、ほぼすべてといっていい企業が、面接を行ないます。

　企業が面接をする目的は、エントリーシートの内容を再確認すると同時に、**エントリーシートだけでは見えない、「会ってみないとわからない情報」をつかむこと**です。

　「会ってみないとわからない情報」とは、「姿勢」「服装」「会話をした印象」「マナー」など。これらが、これから一緒に働く社員としてふさわしいかどうかを見極めるために、企業はあなたに会います。

　自己分析や企業研究を通して、質の高いエントリーシートを作成したあなたにとって、面接は決して難しくありません。

　エントリーシートと企業研究した内容を事前に復習し、あとは、服装やマナー、話し方などで悪い印象さえ与えなければ、面接は必ず突破できます。

💡 すべての企業がチェックする「7項目」

どの企業の面接官も、それぞれ**企業独自の「面接チェックシート」**を使い、評価します。

私は仕事柄、その「面接チェックシート」を見せていただくことがよくあります。

企業によって、評価ポイントはさまざまですが、どの企業も結局、本質的には同じようなポイントを見ていることがわかります。

それは、大きく、次の7項目に集約されます。

> ①自社の**「企業文化」**に合うか
> ②本当に自社を**「志望」**しているか
> ③どのような**「実績」**を持っているか
> ④問題を的確に解決するための**「論理的思考力」**を持っているか
> ⑤**「ストレス耐性」**を備えているか
> ⑥**「第一印象」**はどうか
> ⑦**「言葉遣い」**はどうか

企業によって、重視する項目に優劣はありますが、これらの項目を見ずに採用活動をすることはまずありません。

すでにエントリーシートで大きなリードを築いているあなたは、**この7項目で大きな減点がなければ、採用されたも同然**といえます。

次のページからこれらを磨き上げる方法について、詳しく述べていきます。

2 受ける企業に適した人材であることを伝える

OB訪問で「企業文化」を知る

　企業がチェックする7項目のなかで、最も事前に準備するのが難しいのが、①**「自社の『企業文化』に合うか」**です。

　これは、企業内で共有されている考え方や行動、社の雰囲気が合うかどうかをチェックします。

　社の雰囲気に合うかどうかは、ほかのチェックポイントに比べて面接官個人の感覚によるものが大きいので、準備することはなかなか難しいです。「うちの雰囲気に合わない」と思われてしまったら、それ以上できることはないからです。

　しかし、**考え方や行動に関しては、企業研究を深めていれば、企業文化に合っていることを伝えるのは可能**です。とくに有効なのは、OB訪問で実際にそこで働いている社員に直接、社の雰囲気や、社員たちの考え方、どんなときにどんな行動を選択するのかを、聞いてしまうことです。

　例えば、「新しいことに挑戦する人が多く、活気がある」「笑顔が多い」のなら、チャレンジ精神があることを笑顔で話しましょう。

　「個々人の仕事への責任感が強い」「勤務時間中は静かだけど居心地が悪いわけではなく、その分、休憩時間は和気あいあいと過ごしている」と聞いたら、責任感があること、メリハリをつけられる性格であることを伝えましょう。

　必ずしも別途、エピソードを準備する必要はありません。企業文化に合っているということを、「自己PR」や「学生時代にがんばったこと」を伝える際に、一緒に盛り込みましょう。

💡 志望動機は「長さ」に注意

　面接に行くときは、もちろんその企業に入社したいと思っているはずです。しかし、受ける企業によっては、第１志望で絶対入社したいと思う企業もあれば、第１志望に落ちたときの保険のために受けたという場合もあるでしょう。

　その事実を知っているからこそ、面接官は、②**「本当に自社を『志望』しているか」**を必ずチェックします。

　志望動機を聞くのは、**あなたの熱意を知るため**です。

　チェックするポイントは、エントリーシートで意識したものと、大きな違いはありません。受ける企業でなくてはならない理由と、「自分は御社でこそ貢献できる」ということを、自身のエピソードを交えながら主張しましょう。エントリーシートと同じく「当事者意識」をいかに打ち出せるかがポイントになります。

　また、注意すべき点もエントリーシートと同じです。「仕事の説明に終始していないか」「お世辞を述べるだけになっていないか」に注意しましょう。

　エントリーシートと違う点があるとすれば、ただ１つ。

　それは、**「長さ」**です。

　面接で面接官がこちらの話を聞いてくれる時間は、**１問につき１分が限度です。文字数にすると 330 文字程度に過ぎません。**

　その企業に入りたい理由ですから、最も力を入れて伝えたいはずです。だからこそ、短い時間でしっかり話せるようにしておきましょう。

　志望動機は必ず聞かれるので、事前に１分以内の短さにまとめておくことをおすすめします。

　短くするとはいっても、要点は伝えなくてはならないため、修飾語などを省くことで短くしましょう。

3 自己PR・学生時代にがんばったこともエントリーシートをベースに話す

> 「何を考え」⇒「どんな学びを得たのか」⇒「それを入社後、企業の利益にどう活かせるのか」

　エントリーシートを読んだ採用担当者は、改めてあなたの「能力」を確かめるために、③「どのような『実績』を持っているか」、④「問題を的確に解決するための『論理的思考力』を持っているか」を知ろうとします。

　この2つをチェックするために、よく聞かれるのが、「自己PR」と「学生時代にがんばったこと」です。

　エントリーシート同様、自己分析で見つけた自分の「強み」について、大学時代のエピソードを交えて企業にアピールできれば、何の問題もありません。

　繰り返しになりますが、ここでいう「実績」とは、数字的なインパクトがあるものとは限りません。企業が求めているのは、経験から得た「あなたにしかない学び」です。

　あなたが「何を考え」「どんな学びを得たのか」「それを入社後、企業の利益にどう活かせるのか」を、「論理的に話せるかどうか」を判断します。

　エントリーシート作成時にすでにしたことなので、難しく考える必要はありません。

　これも、1分以内で答えられるよう、330文字程度でまとめておきましょう。

「自己紹介」と「自己PR」の違いは？

「自己紹介をしてください」
「自己PRをしてください」
　この2つの質問の違いに迷う人が多くいますが、念のため、その違いをここでお話ししておきましょう。
　複雑なことはありません。
「自己紹介」は単に、自分の紹介をすればOKです。
「名前、学校名、学部・学科、趣味・特技、サークルではこんなことをやった、学内ではこんなことをやった、学外ではこんなことをやった、アルバイトやボランティアをやった」。これで十分です。
　そこに、「学生時代にがんばったこと」などで必要とされたエピソードや、企業の利益へ貢献できることなどを盛り込む必要はありません。
　もしどうしても、何か印象に残ることをいいたい場合は、最後に、「こんな考えを持って今、生きています」と締めてみましょう。
　例えば、「『失敗を恐れず何事にもチャレンジする』を座右の銘として、向上心を持って、今、生きています」と締めます。
　前半の「事実の羅列」とのギャップで、一気に熱が入り、熱い人だという印象を与えることができます。
　一方、「自己PR」は、あなたの強みをアピールし、その強みで企業の利益に貢献できることを伝えましょう。

「自己紹介」は、事実の羅列のみ。あえて足すなら、今、どんな考えで生きているか。
　「自己PR」は、強みアピール。
　明確に分けて答えると、話が重複せず、スッキリした印象を与えることができます。

4 ネガティブな話を引き出そうとする質問にはどう答える？

面接官は「ストレス耐性」を見る

　面接官のなかには、ネガティブな質問をぶつけて、学生の反応を見ようとする人がいます。

　なんとも性格の悪い話ですが、面接官が見たいのは、⑤「『ストレス耐性』を備えているか」です。

　お客さまに理不尽なことをいわれたとき、あなたが突然キレ出したり、泣き出したり、目に見えてテンションが下がったりしないかを見ているのです。

　突っ込まれたくないことを突っ込まれてうろたえるかもしれませんが、ネガティブな質問には正直に答え、ポジティブに締めることが大切です。

「留年」については何と答えるか

　よくあるネガティブ質問が、留年についてです。

　留年をしている人に対して、「どうして留年したの？」とストレートに聞く面接官は多くいます。

　なかには、何か理由があり、あえて留年を選んだという人もいるでしょう。積極的な理由で留年をした場合は、それをそのまま伝え、留年をしたことで得られたことを述べましょう。

　自ら望んでいないのに留年してしまった人は、留年について反省をしたことと、その反省から何を学び、今はどのような考え方で生きている

かということをあわせて述べましょう。

　ここでしどろもどろな答えしかできないと、「なんだ、ただなんとなく留年しただけで、そこから得たものは何もないのか」と思われ、落とされてしまいます。

「アルバイトに精を出しすぎて、出席日数が足りませんでした」

「留学が楽しすぎて、半年の予定だったのに1年間、現地に残ってしまいました」

　など、**前半は正直でかまいません**。ただし、そのポジティブさが「開き直り」ととらえられないよう、**後半は反省を踏まえ、ポジティブに締めるようにします。**

「反省」を踏まえたポジティブさであることが重要です。

💡 自ら「マイナス要素」はさらけ出さない

　自分にマイナス要素があったとしても、何も自ら宣言する必要はないです。**自ら話すことが「誠実」だととらえている人がいますが、そんなことは決してありません。**

　マイナス要素を事前に話すことで、自分を知ってもらい、安心したいという気持ちもわかりますが、それは必ず減点の対象となってしまいます。たとえそのあとにポジティブに締めるとしても、です。

「正直な人だな」と、プラスには決して思われません。なぜなら企業は、「正直な人」よりも、「利益に貢献する人」が欲しいからです。

　自分が面接官の立場になって考えてみましょう。

　例えば自己PRで、「私は行動に移すまでに時間はかかりますが、締め切りは必ず守ります」と話す人と、「私は締め切りを必ず守ります」と話す人では、どちらを採用したいでしょうか？

　だれもが後者を選ぶと思います。

　マイナス要素に関しては、尋ねられたときのみ、「正直⇒反省⇒ポジ

ティブ」で切り抜けましょう。

💡 学校の成績を気にすることはない

　成績についても同様です。
「ABC」の3段階評価でCが多かったり、「優良可」の3段階評価で可が多かったことについて聞かれた場合には、学業のほかで精を出したことを伝えましょう。そして、**「学生時代にがんばったこと」**に結びつけるのです。
　成績が悪いことを気にする人がいますが、面接で成績について聞かれることはあまりありません。
　なぜなら成績は、学校や学部、教授によって、つけ方が違うからです。
　また、学校の成績がいいことが、企業の利益に貢献できることには直結しないからです。
　学生時代の成績が悪くても社内での成績がよかったり、反対に学生時代の成績がよくても社内での成績は悪いということは、十分にありえることです。採用担当者は、経験からそのことをよく知っています。
　そのため、学生時代の成績よりも、持っている「強み」やこれまでの経験、考え方などを面接で聞くのです。

　あえて面接で聞かれる学業に関する質問を挙げるとしたら、「何を勉強してきましたか？」という質問です。
　この**「何を勉強してきましたか？」という質問に答えられなかった場合は、大きな減点となってしまいます。**
「答えられない＝目的意識がない」人だと思われてしまうからです。
　面接前には必ず、専攻分野で学んだことを手短に答えられるよう、準備をしておきましょう。

>> 「ネガティブな質問」にはこう答える

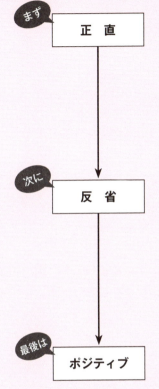

まず　正直
- ありのままを正直に話す
- ごまかしは厳禁
- テンションを下げない

次に　反省
- 何がいけなかったのかを伝える
- 反省がしっかり伝わるように

最後は　ポジティブ
- その経験を今にどう活かしているのかを具体的に述べる
- 自分の「強み」や「企業への貢献」につなげられたら尚よし

ここに注意！
- 自らマイナス要素は出さない
- 開き直りに注意

5 「第一印象」で差をつける7つのアクションテクニック

面接が始まる前に気をつけたいこと

　面接官がチェックするのは、受け答えの出来だけではありません。
　⑥「第一印象」はどうかもとても重視します。
　実は、面接が始まる前に面接官から「この子はダメだ」と思われてしまうことがあります。
　あいさつができない、名前を名乗らないなど、基本的なマナーができておらず、第一印象が悪い場合です。
　エントリーシートで「上位5％」に入っていたとしても、第一印象の減点は脅威です。今までの苦労が水の泡になってしまいます。
　面接室に呼ばれたら、

　・ドアをノックする
　・笑顔で部屋に入り、「失礼します」といって会釈をする
　・イスの横に立ち、自分の名前を名乗る
　・面接官にすすめられてから座る

などをきちんと行ないましょう。
　当たり前のことのように感じるかもしれませんが、この4つができていない人が意外にも多いのです。
　また、面接では緊張であたふたしてしまうことも多く、座るまでに面接官に不安な印象を与えてしまうことがあります。
　面接室に入る前に深呼吸し、上記の4つの一連の動作を頭のなかで反

すうしてから、ノックをするようにしましょう。

💡 面接官の期待に応える「立ち居振る舞い」とは？

　面接での立ち居振る舞いに関しては、面接官との受け答えほど重要視しない人が多いのですが、**面接官はあなたが本当に自社の新人としてふさわしいかどうか、期待を寄せて面接の場に現れます。**

　その期待に応えるためにも、面接で必ず行なう次の7つの動作を日常から磨き上げておきましょう。

　①**立つ**
　②**歩く**
　③**笑顔**
　④**声**
　⑤**お辞儀**
　⑥**座る**
　⑦**聞く**

　この7つの動作を社会人として恥ずかしくないように磨くことができれば、面接官に与える印象がグッとよくなります。

　面接の日だけ気をつけようと思っても、これまでのクセが体に染みついているため、なかなかできるものではありません。

　自然と好感の持てる立ち居振る舞いができるよう、事前にしっかり体に覚え込ませてしまいましょう。

　それでは、それぞれのポイントを1つずつ見ていきます。

①立つ

　話す前から、圧倒的な存在感を放ち、洗練された雰囲気を出して、ライバルに差をつける——。
　こんな夢のようなことが、「立つ」という最も基本的な動作を変えるだけで可能になります。

　まずは、背筋を伸ばしましょう。
　つま先はそろえるのではなく、「外」に向けます。つま先を外に向けることで、存在感を感じさせることができるのです。
　男性は45度、女性は30度が理想の角度です。
　続いて、**お尻が突き出ないように、腹筋を使って引き締めます。**
　同時に、**左右のふくらはぎをギュッと内側に合わせ、ひざを後ろに押し込めるイメージで力を入れます。**
　手は、手のひらが内側に向いた状態で自然に垂らしておけば大丈夫です。
　かかとから頭のてっぺんまでが1本の糸でつながっていて、その糸が天井からつりさげられているイメージで立ちましょう。
　最後に少し顎を引きます。

　これが、「立つ」の動作です。
　一度、鏡の前で正面と左右からチェックしましょう。
　「立つ」動作を身につければ、何も話していないときでも、面接官に向けて大きなアピールができます。

>> action① 立つ

action①
かかとから頭のてっぺんまでが1本の糸でつながっていて天井からつりさげられているイメージ

action①
両手は手のひらが内側に向いた状態で自然に垂らす

action①
お尻が突き出ないように腹筋を使って引き締める

action①
男性は45度女性は30度かかとはつけて、つま先を外向きに開く

action①
ふくらはぎをギュッと内側に合わせ、ひざを後ろに押し込む

②歩く

　歩く姿には**「自信」**がにじみ出ます。
　猫背で、小股で、こそこそ歩いている人は、なんとなく気弱そうに、頼りなさそうに見えるだけでなく、悪いことをしている人のように、感じられます。
　一方、背筋を伸ばして堂々と、大股で速く歩いている人は、自信がみなぎり、できる人に見えます。
　もちろん、面接のときは後者の印象を与えたいですよね。

　大きなポイントは、**歩幅をいつもの１．５倍ほど大きくとり、スピードもいつもの１．５倍ほどの速さで歩く**ことです。
　面接室内で歩くのは、ドアからイスまでの短い距離ではありますが、こうすることで、きびきびとした印象を面接官に与えることができます。
　前に踏み出す足は曲げず、右のページのイラストのようにしっかりと伸ばします。
　「足を曲げる」のではなく「体を前に倒す」イメージで、踏み出した足を地面につけてください。
　目線はまっすぐ、歩いている方向を見つめます。
　足元に１本の直線が描かれていることをイメージし、その直線を堂々と、大きな歩幅で速く歩いていく。
　これだけで、舞台の上に立つ俳優のような、存在感を放つことができます。

>> action② 歩く

action❷
目線はまっすぐ、歩いていく方向を見つめる

action❷
膝は曲げない
体を前に倒す
イメージで歩く

action❷
足元に1本の直線が描かれていることをイメージする

action❷
歩幅はいつもの1.5倍
歩くスピードもいつもの1.5倍

③笑顔

　屈託のない、生き生きとした笑顔は最大の武器です。
　うれしい、楽しいといったポジティブな感情を素直に表現できる人は、職場の雰囲気を明るくし、仕事相手やお客さまにもよい印象を与えることができます。
　いい笑顔の人は、どんな企業にとっても欲しい人材といえるでしょう。

　笑うのが苦手という人がいますが、トレーニングをすれば自然と好感度の高い表情をつくることができるようになります。
　笑顔を磨くためのトレーニングを紹介しましょう。
　まずは、**梅干しを食べて「酸っぱい！」と感じたときのように、顔のパーツを真ん中に寄せます。**
　普段使わない筋肉が目一杯動いているのを感じながら、力の限り、やってみましょう。
　そのあと、**今度は目・眉・鼻・口を思いっきり、ぱっと開きます。**
　このトレーニングで大切なのは、とにかく顔中の筋肉を使って、思いっきりやることです。
　普段あまり使わない表情筋を鍛えることで柔軟になり、いざというときにきれいで自然な「満面の笑み」をつくることができます。
　このトレーニングを**1日5回**、繰り返しましょう。
　緊張をほぐすためにも、面接直前にもするのがおすすめです。

>> action③ 笑顔

笑顔を磨くためのトレーニング

| 梅干しを食べて「酸っぱい」と感じたときのように、顔のパーツを真ん中に集める | | 目・眉・鼻・口を思いっきり、ぱっと開く |

1日5回繰り返す

④声

　声が小さいと、話している内容がどんなに素晴らしくても、「自信がない」「やる気がない」と判断されてしまいます。
　声のトーンが低いと、せっかく「学生時代にがんばったこと」を思いを込めて話しても、「この人は嫌々やっていたのかな」と受け取られてしまいます。
　話す内容はいいのに、声で減点されてしまうのはもったいないことです。**「大きさ」「トーン」**さらに**「滑舌」**を意識して、声に磨きをかけましょう。

「大きさ」で気をつけるポイントは、**普段より１．５倍の音量で話すこと**です。
　「元気です」と言葉でいわれるよりも、声の大きさでアピールしたほうが、より「元気度」は伝わります。
「トーン」は、**いつも発しているより高いトーンを意識**します。
　電話ではトーンを１音上げて話すのがセオリーですが、そのイメージです。「トーン」が高い人は楽しげな印象を与え、会話も弾みやすくなります。
「滑舌」は**「はっきり」**話そうとイメージして、**「ゆっくり」発音**すれば、鍛えられます。
　そのほか、発声のトレーニングとして、「ア・エ・イ・ウ・エ・オ・ア・オ」と、口を大きく開きながら順に発音しましょう。
　顔の表情筋が和らいで笑顔がつくりやすくなるだけでなく、声も通りやすくなります。

>> action④ 声

| 声の大きさ | → | 普段の **1.5倍** を意識 |

| 声のトーン | → | いつも発しているより **高いトーン** を意識 |

ア・エ・イ・ウ・エ・オ・ア・オ

| 滑舌 | → | はっきり話すことを意識してゆっくり発音 |

⑤ お辞儀

　お辞儀の角度は、「30度がいい」「いや、45度が適切だ」などとさまざまな見解があります。
　私がおすすめしているお辞儀の角度は、「90度」です。
　「それは曲げすぎだろう」と思われる方もいるかもしれません。
　また、体の硬い人は単純に「そこまで曲がらない」と考えることでしょう。しかし、それでも私は「90度」のお辞儀をおすすめします。
　お辞儀は、相手に最大限の敬意を示す動作です。丁寧に行なって、やりすぎるということはありません。

　90度のお辞儀を印象よく行なうコツは、しっかり体を曲げ、頭を下げたとき、**背中のラインを丸めないこと**です。
　腰で体を折ったとき、**お尻を少しだけ突き出すように意識するといい**でしょう。
　つま先はそろえて、手は「立つ」の動作と同じく、手のひらを内側にして自然に垂らしておきましょう。
　「よろしくお願いいたします」といったあと、1拍で頭を下ろし、3拍静止して、2拍でゆっくり起き上がるくらいのスピードが理想です。心のなかで数えましょう。

　面接会場では、面接官だけでなく、受付や廊下などでほかの社員と会うこともあるでしょう。
　そのときも必ずあいさつとともに、お辞儀をしっかりしましょう。この場合も、やはり90度が理想です。

>> action⑤　お辞儀

action❺
1拍で頭を下ろし、3拍静止して、2拍でゆっくり起き上がるくらいのスピードが理想

action❺
お辞儀は90度がベスト

action❺
「よろしくお願いいたします」
「ありがとうございます」など、あいさつをしたあとに続けてお辞儀をしよう

⑥座る

「座る」動作で気をつけたいのは、だらけた姿勢になってしまうことです。

「立つ」「歩く」「お辞儀」といった動作でせっかくよい印象を与えられても、座ったとたんに猫背になってしまったり、背もたれに寄りかかったりしてボロが出てしまっては、意味がありません。

イスに座っても、気を抜かないようにしましょう。

座り方のコツは、まず何よりも**「背もたれに寄りかからないこと」**です。
背もたれに寄りかかると、横柄な印象を与えてしまうだけでなく、体の位置が自然と面接官から離れてしまうため、話す内容に込められた「必ず入社したい」という熱意まで失われてしまいます。

お尻の位置は、イスの真ん中より少し後ろを意識し、背もたれを使わずに背筋を伸ばしましょう。

また、足をイスの内側に入れてしまうと、どうしても幼稚な印象を与えてしまいます。

脚はイスの前に下ろすよう心がけましょう。

足を広げるのもNGです。
「立つ」動作のときには足先を広げましたが、座るときは**両足をぴったりとくっつけ**、緊張感を持って座るように注意します。

両手はひざのうえに軽く置きましょう。男性は、左手は左ひざの上に、右手は右ひざの上に置きます。女性は、両手を上下に重ねて太ももの間に置きましょう。

目線はまっすぐ面接官を見ましょう。

>> action⑥ 座る

action⑥
・男性は左手を左ひざ、右手を右ひざの上に
・女性は両手を上下に重ねて太ももの間に置く

action⑥
背もたれに寄りかからない
背筋を伸ばす

action⑥
足はイスの前に下ろす

action⑥
お尻の位置はイスの真ん中より少し後ろを意識

⑦ 聞く

　面接での動作において、意外に大切なのが「聞く」動作です。
　面接官が質問をしたときに、グループ面接でほかの人が受け答えをしているときに上の空だったり、姿勢が崩れていたりすると、「この人は本当に、人の話を聞いているのかな」と疑われてしまいます。
　話をしっかり聞いていても、何の動作もせずにただ座っているだけでは、それは相手には伝わりません。
　しかし、だからといって、あまりあからさまに大きく頷くのは、かえって印象を悪くします。
　「あなたの話を聞こうと思っています」という気持ちを持って、次のような動作を意識しましょう。

　基本は、**話している人のほうに体を向け、目を見ながら話を聞きます。目を見るのが苦手な人は、相手の口元を見ましょう。**
　そして相手の話を頭のなかでかみ砕きながら、何を話したいのかを汲みとります。すると、自然なリズムで頷けるはずです。
　もちろん、ただ頷くだけではダメです。アクション④で身につけた明るい声で、「はい」「わかりました」など、**あいづちも忘れないように**しましょう。
　ただし、「聞いているふり」は禁物です。とくにグループ面接では、話を聞いていないと、面接官の反応が悪かったほかの人の答えと同じことをいってしまうことがあるので、注意しましょう。
　相手の話すことをしっかり聞く姿勢を持つことが、結果的に面接官へのアピールにつながります。

>> action⑦ 聞く

action❼
頷くだけでなく
あいづちもする

action❼
話し手のほうに体を向け、目を見ながら話を聞く
目を見るのが苦手な人は、口元を見る

6 緊張しているときこそ「言葉遣い」に注意

「タメ口」は大幅減点

　面接という大事な場面では、緊張しすぎてしまい、うっかりボロが出てしまうこともあるでしょう。とくにそれが顕著に表れるのが、言葉遣いです。面接官は、⑦**「言葉遣い」はどうか**もチェックします。

　事前の想定通りに問答が進んでいるうちは問題ないのですが、想定外の質問が飛んでくると、つい焦ってしまい、「学生特有の言葉遣い」が出てしまって、大きな減点になってしまうケースが実際よくあります。私は普段、多くの学生と話す機会がありますが、本人は敬語を使っているつもりでもタメ口が混ざっていることが多々あります。

　意外に多いのが「接続詞」のミスです。

　例えば、「だから〇〇〇〇なのです」という言葉を面接で話すことに、あなたは違和感を抱くでしょうか。これは「タメ口表現」です。

　また、何かを聞かれたとき、とっさに「そうなんです」と、いってしまうことはありませんか？　もしいってしまったら、面接官は「モノのいい方を知らない」と受け取り、大きく減点します。「そうです」が正しい言葉遣いです。

　前に話したことを受けて、そのあとの展開を話すときは、「そのため」という言葉でつなぎましょう。

　そのほか、うっかり使いやすいNG言葉を右のページにまとめました。面接前から意識して言葉遣いを正しておきましょう。

>> NG言葉はこういいかえる

「オレ」
「僕」　　　　　→　「わたくし」「わたし」
「うち」

「なので」　　　→　「そのため」

「けど」　　　　→　「ですが」

「○○してくれました」　→　「○○していただけました」

「バイト」　　　→　「アルバイト」

「就活」　　　　→　「就職活動」

「貴社」　　　　→　「御社」
　　　　　　　　　（※「貴社」は書き言葉の場合）

7 グループ面接には「全員で受かる」という気持ちで臨む

💡 面接官は「協調性」を見る

　複数の応募者が同時に臨むグループ面接。面接官がチェックするポイントは、個人面接では計ることのできない、あなたの「協調性」です。

　もちろん、「学生時代がんばったこと」「自己PR」「志望動機」といった、あなたが話す内容も見ます。

　しかし、グループ面接で企業側が最も見ているのは、あなたが「話していないとき」の態度です。

　ほかの人が話しているときに、興味のない態度を示していないか、自分が話す番になったときのことばかり考えて下を向いていないか、緊張してしどろもどろになっている人をバカにしていないか、それらすべて面接官にチェックされています。

　大切なのは、「ここにいるみんなで内定をとろう」という気持ちで挑むことです。

「自分だけ受かろう」「ほかの人たちを出し抜いてやろう」と考えず、ほかの人が話しているときは、その人を応援しましょう。

💡 アメリカの航空会社は「リストラ対象」をどう決めたか

　グループ面接における「協調性」の大切さを示す、1つのエピソードがあります。

　アメリカのある中堅航空会社が、約30年前、大きな経営不振に陥り、やむをえずリストラに踏み切ることになりました。

会社はリストラ対象者を全員、大きな会議室に集め、一人ひとりにあるテーマでスピーチをさせました。
「だれが切られるか」が決まるスピーチです。1人ずつ壇上に立ち、だれもが熱を込めてスピーチをします。
　その結果を見て、上層部はだれをリストラするかを決め、断行しました。
　すると、会社は見事にV字回復を遂げました。
　さて、会社は何を基準に、リストラをする人を決めたのでしょうか。

　それは、**「話を聞いているときの態度」**です。
　会社の一大事。社員全員が団結しなければならないときです。
　そんなときに、自分のスピーチの内容ばかりを考えてほかの人のスピーチを聞いていなかったり、自分のスピーチが終わったからと、ほっとして居眠りするような人は、会社のメンバーとして必要ないと判断したのです。

　グループ面接でも、同じことがいえます。
　あまりあからさまに大きなアクションで頷いたりするのは不自然ですが、ほかの人が話しているときは、「仲間」が大切な面接に臨んでいると考え、「がんばれ」と心のなかでエールを送りましょう。
「ここにいるみんなで内定をとろう」という気持ちを持つだけで、表情や立ち居振る舞いに自然と「協調性」が醸し出されます。
　すでに完璧なエントリーシートを作成し、面接の準備をしてきたあなたなら、グループ面接ではこの部分だけを気をつければ大丈夫でしょう。

8　「1次面接」から「最終面接」まで話す内容は変えなくていい

面接官の「格」に惑わされないように

　企業によって、面接の回数はさまざまです。なかには8次面接が終わってもまだまだ面接が続くような厳しい企業もありますが、4～6次面接が最終面接というのが一般的なところでしょう。

　1次面接は入社2～5年目の平社員、2次面接は部長・課長といった管理職クラス、3次面接は常務・専務・取締役といった役員クラス、そして最終面接で社長が登場し、あなたと自社とのマッチングを見るというのが、よくあるパターンです。

　何次面接であれ、**話す内容は同じでかまわない**というのが私の考え方です。

　なぜなら、本書を読んでその内容を実践したあなたの「自己PR」や「学生時代にがんばったこと」「志望動機」は、とても質の高いものだからです。そのため、無理に違う内容を話そうとしなくても、あなたの魅力はしっかり面接官に伝わります。

　もちろん、面接する相手の役職に合わせて、話す内容のレベルも上げていけるのであれば、それに越したことはありませんが、無理をして、かえって減点になってしまっては元も子もありません。

　臨む面接が何次面接であろうと、これまで自己分析と企業研究を繰り返して練り込んだ内容を、自信を持って答えることができれば、面接で話す内容は、とくに変えなくても大丈夫です。

　ただ、面接官が重視するポイントには違いがあります。

1次面接ではコミュニケーション能力を、2次面接では、実績や成果に至るまでの行動や考え方を、3次面接では、あなたが本当に利益に貢献できるのかを、最終面接では、どれほど入社を志望しているか熱意を重視します。

　話す内容は同じでも、1次面接では笑顔を心がけ、2次面接〜最終面接ではそれぞれ面接官が重視するポイントについて、より詳しく話すようにしましょう。

>> 「1次面接」〜「最終面接」まで話す内容は同じでいい

【例】

1次面接
入社2〜5年目の社員

2次面接
部長・課長クラス

3次面接
常務・専務・取締役クラス

最終面接
社長

面接官の格は上がっていくが、話す内容を無理に変える必要はない

9 面接官の本音がわかれば「すべらない答え」ができる

面接官の「本音」に刺さる回答を

この項目では、面接で実際にされる質問のなかから、とくに多い質問と、その質問に対する答え方を見ていきます。

下記のすべての質問に答えを用意しておけば、面接であたふたすることはないでしょう。

エントリーシートの設問同様、**面接官がする質問には、すべて「意図」があります。面接官には答えてほしい「答え」がある**のです。

質問に隠された相手の「意図」を知り、それに合った回答ができれば、印象はどんどんよくなっていきます。

それでは早速、見ていきましょう。

●「長所は何ですか？」

「長所は何ですか？」は、「自己PRをしてください」という質問の変化球バージョンです。

この質問は、学生がいろいろな言葉で自分をアピールすることができるかどうかを見ています。つまり「自己分析」がしっかりできているかです。

例えば「責任感がある」という1つの強みがあるが、それはもう自己PRで語ってしまった。そのあとでさらに、長所を聞かれている。こんなときに面接官は、「『責任感がある』という自分の強みを、いかに多くの語彙で、いろいろな角度から語れるか」を見ています。

自分の強み・長所については、「自己PR」を基本として、少なくと

も３つのパターンで伝えられるようにしておきましょう。

● 「短所は何ですか？」

企業に著しく悪影響を及ぼす短所を持っていないかどうかの確認です。

例えば、銀行のような細やかなことが要求されるところは、「おおざっぱなところがあります」という人を嫌いますし、「現状維持が好きで変化を嫌うところです」という人を、ベンチャー企業は好みません。

仕事に迷惑をかけない短所であれば、正直に答えてかまいません。ただし、ポジティブな言葉で締められるよう、あらかじめ練習しておきましょう。

就活の指南本によく書いてあるような、「短所を無理やり、長所に結びつける」という方法は、私はおすすめしません。

どうしても「こじつけ感」が出るからです。「この人、無理して答えているな。きっと答えを用意していたんだろう」とわかるので、逆効果です。

社業に影響しない短所を正直に述べたほうが好印象です。

● 「入社したら、何をしたいですか？」

企業研究ができているか、働き始めたあとのイメージができているかを問われています。

あなたが10年後に、どんなことを成し遂げたいのか。そのイメージが今からできているかを、企業は知りたがっています。

決して、配属先を問われているわけではありません。

「営業がやりたいです」や「企画がやりたいです」では薄すぎます。企業が知りたいのは、その先です。

「営業で、どんな仕事がしたいのか」「企画で、どんなものを生み出したいのか」を、より具体的に話すようにしましょう。

とことん具体的に話すことで、「しっかり企業研究をしているな。う

ちの会社のことをよくわかっている」と認めてもらえます。

　OB訪問や企業研究をしっかりしたのであれば、なぜそう考えたのかという理由とともに、「この部署でこれがしたい」と狭めて話してしまって大丈夫です。OB訪問や企業研究で調べた事実に基づいた話なら、「よく調べているな」と思ってくれます。

「この商品を扱いたい」「この商品の開発をしたい」「この商品は今、北海道で弱いから、北海道で売りたい」など、より細かく伝えることが大切です。

● 「他社の選考はどの程度進んでいますか？」
「ほかの企業は、この人にどんな評価を下しているか」をチェックする質問です。

　もしほかの企業が内定を出していたり、最終選考まで進めていたりすれば、「ほかの企業が認めているということは、社会人として最低限必要のスキル・能力がある人なはず」と判断されます。

　企業としても、変な人材をつかまされたくないため、「本当にこの人を採用して大丈夫か」の**判断材料の1つとして、他社の選考結果を聞いているのです。**

　選考に残っているもののみを、正直に答えましょう。**内定をもらっている企業に関しては、最終選考まで残っていると伝えるとよいでしょう。**

● 「最後に何か聞きたいことはありますか？」
　この質問にウラはありません。コミュニケーションの齟齬がないように聞いているだけです。

　とくになかったら、ないでかまいません。**「OB訪問や会社説明会、今までの面接や企業研究で御社のことをいろいろ知ることができたため、とくにありません」**と答えましょう。

「この質問は、企業研究の成果を見せる場だ。必ず何か質問をしよう」

と教えている就活本やセミナーが多くありますが、私は無理に質問しなくてもいいと考えています。

　面接官があなたの希望部署について、よく知らないこともありえるからです。身構えなくても大丈夫です。

　また、無理に質問をひねり出すと、面接官に「サイトに載っています」「パンフレットに書いてあります」といわれてしまうおそれがあります。質問を利用して自分をアピールしようとしたばかりに、あえて地雷を踏んでしまうことがあるのです。

　質問がないならないで、むしろそのほうが、すがすがしい印象を与えます。

　ちなみに、福利厚生の質問はもってのほかです。福利厚生について知りたい場合は、事前にOB訪問で聞くようにしましょう。

● 「弊社の商品（サービス）について、どう思いますか？」
企業研究をきちんとしているかどうか、自社の商品（サービス）が好きなだけかどうかが試されています。

　素朴に「この商品、好きです」と答えてそれだけで終わると、ただ商品が好きなだけのミーハーな人だと思われてしまいます。
「そのまま、いいお客さまでいてください」といわれない答え方をしなければいけません。

　商品をほめるとともに、そこに自身の経験等、「当事者意識」を込めるようにしましょう。

● 「会社説明会の感想を教えてください」
「しっかり会社説明会の内容を聞いていたか」ということが問われています。**率直に感想を述べるとともに、ますます入社したくなった旨を伝えましょう。**

● 「体力には自信がありますか？」

「うちは忙しい会社ですけど、ついてこれますか？」と聞いています。**「はい、自信あります」と答えると同時に、「ああ、この会社は忙しいんだな」と判断し、入社するべきかどうかを慎重に考えましょう。**

　企業によっては「残業続きでも倒れない人」を求めている場合があります。

● 「10年後、どんな社会人になりたいですか？」

　キャリアプランができているかを聞いています。

　どんな答えでも基本的には問題ありませんが、**ただ1つ、まずい答えがあるとしたら「起業したいです」という内容です。**

　この答えは「御社でたくさん働いて、お金を貯めて、ノウハウを教えてもらって10年以内に独立します」と宣言しているのと同義だからです。多くの企業は辞めることを前提とした人を雇いたいとは思いません。

● 「そもそも本当に弊社が第1志望ですか？」

　「同業他社を受けていますか？　その理由は？」と同義です。しっかりとした業界研究・企業研究ができているかが問われています。
「はい」と答え、その企業が第1志望である理由を改めて述べましょう。
仮に第1志望でなくとも、この質問には第1志望と答えなくてはなりません。正直に「第2志望です」などと答えると、その時点で落ちてしまいます。

● 「所属している学部（学科）を選んだ理由は何ですか？」

「自分で将来を考えて進路を選択する人なのか」を見ています。

　仮に、なんとなく選んだ学部・学科であっても、それをそのまま答えてはいけません。「何を学びたくて入ったのか」を、無理やりにでもひねり出しましょう。

● 「気になるニュースを教えてください」

受ける企業の業界のニュースを答えましょう。エントリーシート実例（第4章）でもお話ししましたが、**面接官は、この質問の答えにおいては、ほかの業界のニュースを求めていません。**

また、スポーツ・芸能の話題は避けましょう。ニュースを見ていない人と判断されてしまいます。

● 「高校のときのエピソードを教えてください」

最近、出始めている質問です。

エントリーシートには、総じて大学時代のエピソードが書かれているので、もっとほかの話も聞いてみたいということから、この質問が出ています。

「学生時代に力を入れたこと」の高校バージョンと考えましょう。

大学時代のエピソードと同じように答えたら問題ないです。あくまで参考程度に聞くという企業が多いので、あまり身構えずに答えてよいでしょう。

● 「友人からあなたはどのような人だといわれますか？」

これも最近増えている質問です。

「自己PR」の他己紹介バージョンです。近くにいる第三者からどのように思われているのかを探ることで、**あなたの人間性を見ようとしています。**

面接の前に友達と、どこかで「ほめ合う場」をつくっておくといいでしょう。

また、「あなたの友達を3人、他己紹介してください」というような質問も増えています。友達が3人いれば、その3人の性格を足したのがその人の人柄になると考えるからです。

「自己PR」に結びつきそうな友達をあらかじめ考えておきましょう。

●そのほか、びっくりするような質問

「あなたを文房具に例えると何ですか」や、「あなたを動物に例えると何ですか」など、びっくりするような質問を投げかけられることがあります。

これは**あなたの「アドリブ力」を見ています**。面接対策のマニュアルに縛られた人か、そうではないかを知るためです。

この答えの内容で落ちることはありません。会話を楽しみましょう。

ただし、あからさまに黙り込んでしまったりするのはNGです。

社会において「アドリブ力」が発揮されるのは、例えば、お客さまから予想外な問い合わせがあったときなどです。そのとき、うまく切り返せる人なのか、黙り込んでしまう人なのか、それを見分けようとしています。

すぐに思いつかない場合は、「少し考えさせていただいてもよろしいでしょうか？」というと、よいです。

沈黙だけは避けましょう。

💡 質問に答えられるよう必ず答えの「準備」を

エントリーシートの設問同様、面接での質問にも答えてほしい「模範解答」があるとお話ししましたが、1つ大きく違う点があります。

提出時までならいくらでも答えについて考えられるエントリーシートとは違い、面接では質問されたらすぐに答えなくてはなりません。

どんな質問がされるかは、面接当日まで知ることはできませんが、この項目で紹介した質問にすべて答えられるよう準備しておけば、概ね大丈夫です。

質問に答えられるように、事前準備を必ずしておきましょう。

>> 面接官の「本音」をつかむ

10 面接突破のためには「練習」が必須

💡「自分のことをあまり知らない社会人」と練習を

　面接は、当日までに何度も練習をしておくことをおすすめします。

　できれば社会人と行ないましょう。それも、あなたのことをあまり知らない人のほうが、より望ましいです。

　本番の面接でも、あなたの人間性を全く知らない面接官に、「自分はこんな人間です」とイチから説明をしなければなりません。本番と同じ状況をつくって練習するには、**「あなたのことをあまり知らない社会人」に練習相手になってもらうのが一番**です。

　最も身近な「あなたのことをあまり知らない社会人」は、**キャリアセンターの職員**でしょう。毎年多くの学生の就活を支援しているため、どのような質問に学生が弱いのかなどを知っており、ためになる練習をしてくれます。また、企業の人事担当者と交流がある分、的確なフィードバックもしてくれるでしょう。

　ほかにも、**「落ちるつもり」で、志望していない業界の面接を受けまくるのも1つの手**です。

　インターンシップや合同企業説明会は、闇雲にいろいろ参加するのはよくないと述べましたが、面接に限ってはそんなことはありません。

　大切なのは「場数」です。

　早い時期に選考が始まるマスコミや外資系企業の面接を受けまくるのも、練習になります。

動画でセルフチェック

「いきなりキャリアセンターの人を相手に練習するのは、ハードルが高いな」と感じる人は、**スマートフォンの動画撮影機能でセルフチェックをしてみましょう。**

「志望動機」や「自己PR」、「学生時代にがんばったこと」を1分以内に話す姿を自撮りするのです。

チェックポイントは次の2つです。

・**挙動、目線**
　あまりにも挙動不審に映っていないか。自分が採用担当者だったら、この人を採用して、お客さまの前に連れていって恥ずかしくないか。

・**口癖**
　変な口癖はないか。
「えー」や「あー」といった伸ばし言葉のほか、「それで」や「逆に」「むしろ」といった言葉が意味もなく挿入されていないか（第三者からすると耳障りなものです）。

客観的に自分を見ると、「自分のイメージ」と「現実の自分」のギャップに驚く人も多いことと思います。一つひとつ、修正をしていきましょう。

大事なプレゼンの前日に、1人で練習して自撮りでセルフチェックをする社会人もいます。

就活ほど大事なプレゼンはそうそうないでしょう。面接は、これからの自分の人生を左右するものです。

怠らず、セルフチェックを繰り返すことをおすすめします。

11 緊張や不安とうまく共存する

💡 緊張することを前提に対策を立てる

　面接はだれしもが緊張するものですし、不安に駆られるものです。その状況に慣れるしかありません。「緊張すること」「不安に駆られること」を大前提として、そこからどうしたらいいかを考えていきます。

- 緊張すると必ず手汗をかく人は、ハンカチを用意する
- 視線が泳ぎがちな人は、視線だけは定めるように決める
- 焦らないよう余裕を持って会場に着くようにする
- 答えられない質問をされたら、「少し考えさせていただいてもよろしいでしょうか？」と伝え、少し時間をもらおうと決めておく

　など、緊張することを前提として対策を立てておくのです。
「緊張しないように」と緊張を抑え込もうとするのが一番よくありません。緊張は、抑え込もうとすると余計にしてしまうものだからです。
　大切なのは、緊張や不安と共存することです。
　抑え込むのではなく、自分のなかにある緊張や不安と、うまく付き合うことです。
　こう意識することで、不思議と落ち着いてくるものです。
　また、前日の夜には、「志望動機」「自己PR」「学生時代にがんばったこと」や企業研究の内容、7つのアクションテクニック、面接会場までの道順、持ち物などを再確認しましょう。
　やるべきことをやると緊張がほぐれ、自信が出てきます。

💡 面接官も緊張している

緊張は、受ける側だけがしているわけではありません。

よく、面接官は百戦錬磨のつわものだと思っている人がいますが、そんなことはありません。

面接官も少なからず緊張しています。社会人で仕事なので、そのように見えないようにしているだけなのです。

面接は企業が選考する場ですが、お互いがお互いのことを知る場でもあります。

面接官は何もあなたをいじめよう、困らせようとして面接に呼ぶわけではありません。**あなたのことをもっと知りたくて、呼んでいるのです。**このことを、面接前にしっかり認識しておきましょう。

💡「必ず内定がとれる」と自分を信じる

内定をとるための行動、考えは、これですべてです。

もしかしたら、すべきことが多いと感じる人もいるかもしれません。

しかし、全5章、すべてのタイミングが一気に訪れるわけではありません。就活が進むごとに、各章を何度も読み込み、復習しましょう。

就活は、その後の人生を左右するといっても過言ではありません。

だからこそ、自分が満足のいく就活を行なえるよう、本書に書かれているノウハウを、第1章の事前準備から怠らず、実行しましょう。

大丈夫です。

本書のノウハウをすべて実行したら、必ず内定をとることができます。

自分を信じましょう。

CHAPTER 5 まとめ

面接は「減点」を防いで突破する

面接で企業がチェックする7項目とは

①自社の「企業文化」に合うか
⇒ OB訪問で「企業文化」を知る

②本当に自社を「志望」しているか
⇒ エントリーシートの志望動機を1分以内にまとめておく

③どのような「実績」を持っているか
⇒ 自己分析で見つけた自分の「強み」について大学時代のエピソードを交えてアピール

④問題を的確に解決するための「論理的思考力」を持っているか
⇒「何を考え」「どんな学びを得たのか」「それを入社後、企業の利益にどう活かせるか」を、「論理的に話せる」ように準備する

⑤「ストレス耐性」を備えているか
⇒ ネガティブな質問には正直に、反省を踏まえて答え、ポジティブに締める

⑥「第一印象」はどうか
⇒ 7つのアクションテクニックを身につける

⑦「言葉遣い」はどうか
⇒ タメ口やNG言葉に気をつける

面接を突破するために心がけたいこと

・グループ面接には「全員で受かる」という気持ちで臨む
・1次面接〜最終面接で話す内容は、同じでもOK
・面接官の「本音」に刺さる回答を
・面接突破のために事前練習を行なう

●●● **必ず内定がとれると自分を信じよう！** ●●●

おわりに

　本書を最後までお読みいただき、ありがとうございます。
　いかがでしたでしょうか？
　就活の具体的な方法について、わからなかった点が解決し、これからの活動の道筋が見えたのなら、うれしいです。
　本書には、現在私が行なっている新卒向けの就活コンサルティングのノウハウをすべて盛り込みました。
　本書に沿って、事前準備、インターンシップ、エントリーシートの作成、面接を行なえば、必ず内定をとることができます。

　著者である私も含めて、人間は忘れる生き物です。人間の記憶力を調べた実験結果を表すエビングハウスの忘却曲線によると、人間は記憶したことの半分以上を、1時間後には忘れてしまうそうです。
　よって、この本を一度読んで「わかった」と満足してはいけません。本書を読んで実行して、反省して、また本書を読んで実行して、そして反省して……を繰り返しましょう。
　総じて、就活は実行した人が強いです。
　1週間で25社の面接を受けた学生、1カ月間毎日10通のエントリーシートを作成した学生など、自分が満足のいく就活を行なえた学生は、ほかの学生よりも「実行」していることが多いのです。
　彼ら彼女らは、いろいろ悩む前に、とりあえず学んだこと（本書で書かれているノウハウ）を「実行」しました。「実行」のないところに、成果はありません。

ですので、この「おわりに」を読んだら、今日からこの本に書かれていることを一つひとつ行なってみましょう。
　本書を読んでいるみなさんのなかには、「自分は何も取り柄がないから……」という人もいるかもしれません。しかし、あなたにも「キラリ」と光る（企業の方がグッとくる）何かが、必ずあります。
　実際に、「何もない！」と私に怒って訴えた女子学生も、本書に書かれているノウハウを実践したことによって、企業によいアピールができ、結果的に、もともと志望していた企業よりも、さらに倍率の高い企業から内定をもらうことができました。
　就活は1年以上かかることもありますが、決して永遠に続くものではありません。つらいときもあるかもしれませんが、途中でくじけそうになっても、最後まであきらめずに本書のノウハウを実践すれば、必ずや内定をとることができます。

　もっと就活について知りたいという人は、私のセミナーにぜひお越しください。東京、名古屋、大阪で行なっていますので、「話を聞いてみたい」「直接質問をしたい」という人もお待ちしております。

　最後に。私はみなさんの就活を全力で応援します。
　もし就活に関する質問や疑問、相談がありましたら、いつでもご連絡ください。みなさんの就活が心から満足のいくものとなり、志望企業の内定がとれますよう、心よりお祈り申し上げます。

2017年3月
就活コンサルタント
高田　晃一

著者紹介

高田晃一（たかだ・こういち）

就活コンサルタント。
1977年生まれ、東京都出身。東京理科大学大学院工学研究科電気工学専攻修士課程修了。大学院新卒の就職活動にて300社以上を訪問、SPIの模擬試験では約1万2000人中2位になるも連続188社に落ちる。熟慮を重ね、独自の方法を考案、実行したところ10社から内定を獲得。
一般企業にて会社員生活を送った後、自身の経験を活かし、現在は就活コンサルタントとして、学生を対象に内定獲得のためのサポートをしている。これまで2万2000人超の内定獲得を支援。そのなかには、20社以上落ちた就活生1100人以上も含まれる。近年は講演やセミナーのほか、企業への新卒採用戦略のアドバイスも行なっている。
『ワールドビジネスサテライト』（テレビ東京系）や『NEWSな2人』（TBS系）など、テレビや雑誌他メディアでも活躍中。

●公式ホームページ　http://takada188.com/

本文イラスト／加藤陽子（CHAPTER 5のみ）
編集協力／前田浩弥

2万2000人超を導いた
就活コンサルタントが教える
これだけ！　内定　　　　　　　　　　　　　　　〈検印省略〉

2017年　5月26日　第1刷発行

著　者──高田　晃一　（たかだ・こういち）
発行者──佐藤　和夫
発行所──株式会社あさ出版
　　　　〒171-0022　東京都豊島区南池袋2-9-9 第一池袋ホワイトビル6F
　　　　電　話　03 (3983) 3225 (販売)
　　　　　　　　03 (3983) 3227 (編集)
　　　　F A X　03 (3983) 3226
　　　　U R L　http://www.asa21.com/
　　　　E-mail　info@asa21.com
　　　　振　替　00160-1-720619
　　　　印刷・製本　(株)光邦
　　　　　　　　　　　　　　乱丁本・落丁本はお取替え致します。

facebook　http://www.facebook.com/asapublishing
twitter　　http://twitter.com/asapublishing

©Kouichi Takada 2017 Printed in Japan
ISBN978-4-86063-984-6 C0030

あさ出版の好評既刊書

超解 文章が面白いほど上手に書ける本

カリスマ文章指導者
吉岡友治 著　四六判　定価1,100円＋税

感情もふくめ、自分の考えを明確に伝えるための技術を伝授します。添削事例も豊富に、分かりやすい文の書き方から、接続詞、括弧の使い方まで、ポイントを10個に厳選。自己紹介や論理的な文章などの、キホンのキホンを解説した1冊です。